中国旅游发展年度报告书系

Annual Development Report of China's Tourism

中国旅游景区发展报告（2021）

CHINA TOURISM SCENIC DEVELOPMENT REPORT (2021)

中国旅游研究院 著

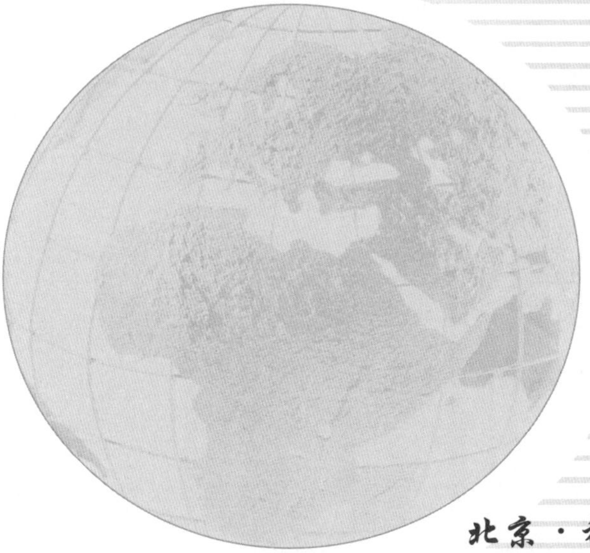

北京·旅游教育出版社

图书在版编目（CIP）数据

中国旅游景区发展报告. 2021 / 中国旅游研究院著
. -- 北京 : 旅游教育出版社, 2022.1
ISBN 978-7-5637-4367-4

Ⅰ. ①中… Ⅱ. ①中… Ⅲ. ①旅游区－经济发展－研究报告－中国－2021 Ⅳ. ①F592.3

中国版本图书馆CIP数据核字(2022)第009280号

中国旅游景区发展报告（2021）
中国旅游研究院　著

责任编辑	巨瑛梅
出版单位	旅游教育出版社
地　　址	北京市朝阳区定福庄南里 1 号
邮　　编	100024
发行电话	（010）65778403　65728372　65767462（传真）
本社网址	www.tepcb.com
E - mail	tepfx@163.com
排版单位	北京旅教文化传播有限公司
印刷单位	北京中科印刷有限公司
经销单位	新华书店
开　　本	787 毫米 ×1092 毫米　1/16
印　　张	7.25
字　　数	76 千字
版　　次	2022 年 1 月第 1 版
印　　次	2022 年 1 月第 1 次印刷
定　　价	50.00 元

（图书如有装订差错请与发行部联系）

《中国旅游景区发展报告（2021）》编委会

《中国旅游景区发展报告（2021）》编辑部

序 言

回归日常生活场景 以民生视角思考旅游

中国旅游研究院院长 戴斌

“读万卷书，行万里路”是中华民族的优良传统，也是中国人民向往诗意生活的真实写照。五千年文明史留下了徐霞客等大旅行家的名字，留下了浙东唐诗之路，留下了三山五岳和四大名楼，但是对于绝大多数老百姓而言，可能终其一生都在方圆百里的土地上讨生活，既没有诗也没有远方。

得益于改革开放特别是党的十八大以来经济社会发展和人民生活水平的提高，旅游开始从少数人的消费变成多数人实现的权利，作为生活方式的旅游，开始照进全面小康社会的现实。来自市场观察的结果和统计数据持续丰富和完善当代旅游发展的理论内涵：旅游成为国民大众日常生活的组成部分，游客开始广泛进入目的地城乡居民的日常生活空间。

从戏剧场到菜市场，游客自由自在地融入当地生活场景，重新定义并发现旅行的美好，城市和乡村开始成为主客共享的美好生活新空间。在此背景下，我们提出并倡导旅游是一种生活方式，无疑具有十分明显的现实意义和理论价值。回归日常生活场景，以民生视角思考旅游，将成为理论研究者、产业实践者和政策制定者必须坚持的立场、观点和方法。

生活方式是大众旅游人民性的理论视角。随着国内旅游的兴起和带动作用的显现，旅游开始作为“国民经济新的增长点”“国民经济的战略性支柱产业和人民群众更加满意的现代服务业”加以培育。2016 年政府工作报告明确提出“迎接大众旅游时代”。自那时起，理论研究和政策设计开始从国家层面的宏观叙事，转向人民生活的微观视角。随着决战脱贫攻坚和决胜全面小康，大众旅游进入新发展阶段。不同于欧美学术语境中的大规模、低品质、环境侵扰，中国当代语境下的大众旅游更多指向每个人都能实现的旅游权利、每位游客都能享受的服务品质。从这个意义上来理解旅游是一种生活方式，或者作为生活方式的旅游，自然会指向大众旅游的人民性，两者在理论上是相通的，在实践中是相连的。有利于传播的表述是：当旅游像柴米油盐酱醋茶一样融入国民大众的日常生活选项，当游客像当地居民一样广泛融入目的地城市和乡村的公共空间和休闲场所，一个更多的国民参与、更高的品质分享的主客共享全面小康生活的时代，开始了！

生活方式是智慧旅游现代化的现实路径。旅游是国民的权利，是人类长存的生活方式，也是在经济社会发展进程中扮演更加重要角色的现代服务业。当前，源于“互联网 + 旅游”的智慧旅游已经完成了概念导入和市场培育，正在走向政策推动与产业创新的发展阶段，并成为建设现代旅游业体系的重点任务和关键支撑。经过 40 多年的发展，景观之上是生活、目的地是生活环境总和、主客共享美好生活新空间、商业环境和生活方式是日渐重要的旅游吸引物、文化引领和科技支撑是旅游业现代化转型的关键要素等观点，已经成为旅游业界的广泛共识，也是全面小康社会旅游业的发展方向。智慧旅游推进的供给侧改革和现代化转型，必须着眼于人民群众对美好旅游生活的向往，基于信息传递与旅游决策、旅游攻略与行程预订、场景创造与消费感知、支付与分享等生活细节，不断提升游客的安全感、获得感和满意度。基于生活方式的消费场景，为“旅游+”“+旅游”提供了强有力的现实支撑，也为各类投资机构和市场主体的创业创新提供了现实可能。

生活方式是旅游发展新格局的内容支撑。从全球范围看，国际游客喜欢到访的旅游目的地城市有哪些？是时尚的巴黎、典雅的伦敦、繁华的纽约和东京，是文化底蕴深厚的北京和“万象之都”的香港，是非常新加坡，它们有高品质的都市生活。在国际旅游目的地特别是都市旅游目的地竞争格局中，本地工商业的繁华和市民生活的温暖，远比自然风光和历史积淀更为重要。当我们把目光放到国内，再看游客满意度最高的城市是哪些？是重庆、成都、上海、苏州、南京、广州、厦门等枢纽和一线城市，而不是那些拥有举世闻名的自然和文化遗产的城市。前者拥有现代化基础设施、公共服务、商业环境和国际化生活品质，发展的是城市旅游；后者依托传统的自然资源和历史文化资源，发展的是旅游城市。旅游发展案例和宏观数据表明，无论是规模和速度，还是结构和效益，城市旅游的发展模式都要优于旅游城市的发展模式。我们注意到更多的旅游城市如西安、桂林、黄山、张家界，试图通过互联网传播来打造网红打卡地，并取得了一定的效果。需要指出的是，旅游需要“网红”，但“网红”不是旅游的全部，没有生活内容支撑的“网红”是不可持续的。全面小康时代的城市旅游，要注重生活方式的现代化提升。

随着疫情防控形势持续向好和国际旅游合作深化，中国还需要对外宣传推广新时代旅游形象，推进更加广泛的旅游交流和要素流动。应当用高品质的生活方式赋予国家旅游形象全新的内涵，用现代化、中国风、国际范吸引更多海外游客到访。当然，也会有越来越多的国民走出国门，去世界各地体验当地的品质生活，展示中国的形象。

作为生活方式的旅游，不仅指向主客共享繁华的当下，还应指向协同创新的未来。年轻人引领未来的生活方式，也创造未来的旅游方式。生活不仅是衣食住行的物质生活，还包括文学、音乐、戏剧、舞蹈、电影、科技、教育等精神追求和文化生活。在文化和旅游融合发展进程中，如何让人们在行程中领略文化之美、增强文化自信？如何使中华优秀传统文化、革命文化和社会主义先进文化赋能旅游业，不断满足人民对美好生活的新期待？理论研究者、政策制定者和市场实践者要回到生活场景，深入研究国民大众的旅游消费需求，充分发挥市场机制和商业力量的主体作用，以怡然自得的生活场景吸引海内外游客的到访。

发表于 2021 年 3 月 31 日《中国旅游报》

目　录

CONTENTS

第一章

旅游景区发展现状

2021年适逢中国共产党成立100周年，红色旅游引领景区行业新时尚，冬奥会倒计时助力冰雪类景区蓄势以发，乡村类旅游景区市场热度提升明显，亲近自然的生态康养类景区市场空间广阔，文旅融合催生的博物馆游成为年轻人的新时尚，主题公园市场新的竞争格局对旅游文化业的复工复产释放强烈信号。受新冠肺炎疫情影响，面向中远程市场的旅游景区接待人次和综合收入下降明显，面向本地和近程周边游市场的休闲度假空间则迎来了新的发展机遇，文化、餐饮和商业休闲场所成为游客主动打卡的美好生活新空间。如何把握旅游需求和消费市场的新变化，以世界级旅游景区和度假区建设为抓手，培育文化引领、科技赋能的旅游休闲新空间，是新发展阶段旅游景区建设必须回答而且要回答好的现实课题。

一、旅游景区发展重点业态与领域

红色旅游引领景区行业新时尚。纪念中国共产党成立100周年，红色旅游关注度不断提升。北京中国共产党历史展览馆、上海中国共产党第一次全国代表大会纪念馆、延安革命纪念馆、国家博物馆、军事博物馆等场馆成为热门红色地标。随着对红色文化的深入理解和系统挖掘，红色旅游景区规划、建设和管理水平明显提升。《中国出了个毛泽东》《延安保育院》《延安保卫战》等多部大型实景演出和舞台艺术广受游客欢迎。井冈山、延安、瑞金、韶山、西柏坡、嘉兴等地探索出了一批可复制、可推广的红色旅游发展模式，相关的教育、培训、研讨、出版、创作等活动逐渐形成新的高潮。随着红色旅游的影响力越来越强，越来越多的红色景区创新展陈和呈现形式，将夜游、高科技、乡村游等形式融入红色旅游，让红色文化更加鲜活生动，吸引年轻游客到访体验。石河子军垦1949文化旅游景区用充满军垦元素的群体雕塑展现兵团历史红色基因。赣州方特东方欲晓红色文化主题公园综合运用AR、VR、全息投影、高清巨幕、球幕、旋转平台、动感轨道船等技术手段，开发打造系列沉浸式、强互动的红色主题项目和特色景观。

冬奥会倒计时助力冰雪类景区蓄势以发。从冬奥会申办成功开始，冰雪游就进入快速发展通道，“北雪南移”“就近玩雪”推动以冰雪为主题的景区从北到南延展，华中、华东、华南、西南地区的各省份，都出现了规模大、质量高的冰雪旅游场地。随着冬奥会的临近，从南到北、从人工到自然的冰雪类景区度假区正在为“市场旺、投资热、产业兴”的冰雪旅游新常态注入更多的内容和场景。贵州六盘水、云南丽江等户外山地滑雪娱乐景区与北方传统冰雪观光度假景区交相辉映。冰雪休闲旅游市场信心开始恢复，发展动能正在集聚。中国旅游研究院专项调查表明：受访者中，55%有意愿进行长距离冰雪旅游，82%有意愿进行短期冰雪休闲旅游活动。因疫情影响而未释放的出游意愿以及冬奥会的举办将促使冰雪类景区持续升温，并在长期内成为游客的常态化选项。

乡村类旅游景区市场热度提升明显。随着中央一号文件的发布，新型城镇化和新农村战略的推进，广大农村居民开始成为日渐增长的自驾、休闲、研学和亲子旅游市场的新兴消费力量。市民下乡旅游带来的外来消费，农民进城和本地休闲拉动的内生需求，共同构成旅游的基础市场，并助推乡村类景区市场热度提升，进而重塑未来的市场结构和供给模式。安徽、河南、浙江等景区资源突出的地区，景区和民宿融合特征日益显著，部分民宿成为自带流量的网红旅游目的地。如黄山市“喜新恋旧”“拾庭画驿”，巢湖东岸“四顶山居”“畈塘·拾吾社”，杭州“夕霞小筑”，桐庐“青龙坞醉里”，郑州“泊心美宿”等精品民宿成为独具文化特色的网红景区。

亲近自然的生态康养类景区市场空间广阔。疫情的影响极大提升了居民对亲近自然的生态康养类景区的需求，未来一段时间在“健康中国”的背景下，这类景区的创新性发展将会成为业态的新亮点，其中，森林康养类景区得益于从地方到国家的各项政策促进以及市场自发的推动，正在迎来更广阔的市场空间。2019 年《关于促进森林康养产业发展的意见》提出，到 2022 年建设国家森林康养基地 300 处，到 2035 年建设 1200 处，向社会提供多层次、多种类、高质量的森林康养服务，满足人民群众日益增长的美好生活需要。2020 年国家林业和草原局办公室、民政部办公厅、国家卫生健康委员会办公厅、国家中医药管理局办公室公布了国家森林康养基地（第一批）名单，共 96 个基地入选。2021 年《全国林下经济发展指南（2021—2030 年）》明确提出加快发展森林康养产业。四川、湖南、贵州、浙江、福建、江西、河南、广东、陕西等省份都陆续开展了省级森林康养基地建设工作，与之相关的景区建设也进入新的发展阶段，游客对此类景区的关注度日益提升。

文旅融合催生的博物馆游成为年轻人的新时尚。2021 年，随着文旅融合日益加深，作为历史文化的重要载体，部分博物馆“淡季不淡”“旺季一票难求”成为常态，年轻人尤其热衷博物馆游。2022 年故宫博物院年票一经推出销售火爆，故宫博物院发布公告表示，因短时间内购买故宫年票观众数量过多，超出故宫博物院年票销售系统的承载能力，导致年票销售系统出现技术故障。与此同时，中国博物馆在国内外的影响力与日俱增，2021 年 9 月，AECOM 联合主题娱乐协会（Themed Entertainment Association，TEA）共同发布《2020 全球主题公园和博物馆报告》。一同发布了全球前20博物馆名单，其中，中国国家博物馆、上海科技馆、南京博物院、浙江省博物馆、中国科学技术馆、台北故宫博物院6家博物馆分别位居第1、11、14、15、18、19名。

环球影城特大型主题公园的开业运营释放旅游文化业复工复产的强烈信号。2020年我国累计开发主题公园近三千家，规模以上仅为13%，其中总占地面积600亩及以上或总投资15亿元及以上的大型和特大型主题公园92家，大多为传统的第一代、第二代产品。科技、IP聚集的环球影城满足了广大人民群众在全面建成小康社会以后对文化休闲的新需求，对度假旅游的新期待。环球影城在内测、试营业期间即成为行业和社会广泛关注的热点，开业后客流量大，二次消费活跃，几次冲上微博热搜。北京环球度假区的建设运营，一方面，提振居民的文化参与和旅游消费信心，带动周边民宿、酒店、餐饮业的发展，助力企业纾困解难；另一方面，带动北京经济新增长，增加就业机会，促进城市形象新风貌，塑造北京新时代的城市气质和形象。此外，从长期来看，环球影城对文化和旅游融合、旅游业高质量发展注入了新动能，对“十四五”文化和旅游重点工作提供了新依托，对培育主题公园市场主体提供了新竞争格局。

二、旅游景区消费新需求：身边的美丽风景，日常的美好生活

游客的脚步越来越近。中国旅游研究院（文化和旅游部数据中心）专项调查数据显示，自2020年国庆假期以来，游客平均出游距离和目的地平均游憩半径呈现双收缩趋势。国庆假期游客平均出游距离从2020年的213公里下降到2021年的141.3公里；游客目的地平均游憩半径从2020年的14.2公里收缩到2021年的13.1公里，并一度在2021年春节期间跌落到7.6公里（见图1-1、图1-2所示）。相关距离范围内的旅游景区客流增长趋势明显，而面向中远程

旅游市场的自然资源和历史文化资源型旅游景区接待人次和综合旅游收入下降明显。截至2020年10月底，已经发布业绩预告的7家传统旅游景区类上市公司前三季度业绩均不理想，张家界、桂林旅游、云南旅游前三季度都处于亏损状态，尤其三季度受疫情影响严重。

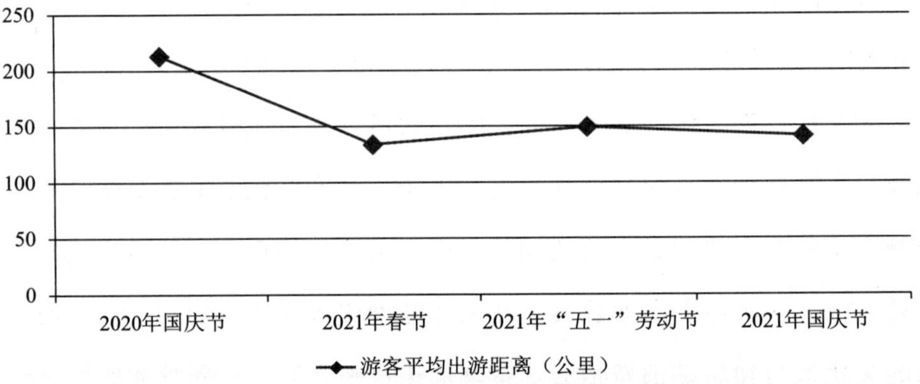

图 1-1　游客平均出游距离

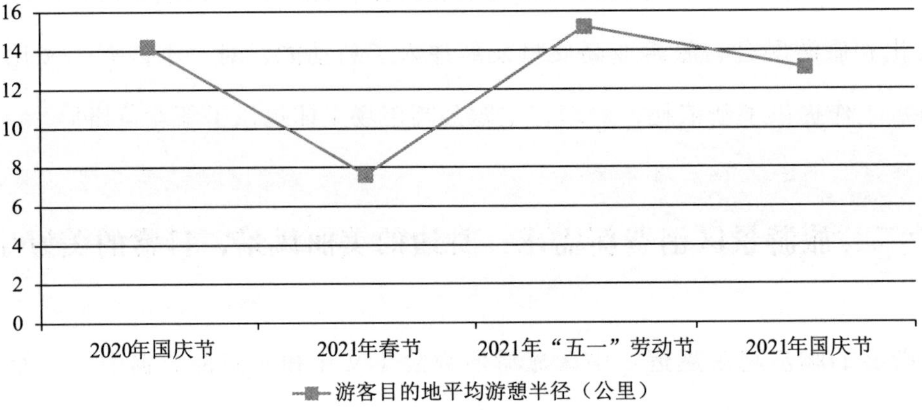

图 1-2　游客目的地平均游憩半径

旅游景区依然是游客的选择。虽然脚步放慢放近，但旅游景区依然是游客的选择。中国旅游研究院春运旅游景区监测课题组数据显示，2021年春节7天，A级旅游景区日平均接待游客量达到平日的4.6倍，旅游景区接待游客量基本保持在全国出游人数的1.08~1.14倍。且客源地旅游景区恢复优于目的地，北京、上海、广州、江苏等人口密集地区旅游景区游客到访量高。

游客愈加青睐贴近日常生活的旅游景区。近距离的都市休闲游、近郊乡村游等周边游的兴起使得社区公园、城市公园、郊野公园、主题公园、古镇村落等贴近日常生活的景区景点日益成为老百姓的首选。踢毽子、抖空竹、打太极、广场舞已经不再是家门口居民的专利，这些活动的人群中已经出现了短期近程休闲出游的游客身影。开放和共享已经不再是旅游景区的宣传与口号，而是游客和居民切切实实的行动与选择。

三、旅游景区新动能：文化引领生活，科技创造未来

文化引领生活。随着文化和旅游融合的场景化、科技旅游的产品化，旅游景区已经成为人们感受文化之美、增强文化自信的常态化生活新空间，也是温暖向上的力量。文化是当地生活的集中体现，随着游客日益贴近日常生活的出游，文化在旅游景区的吸引力要素中越来越重要，主客共享文化引领的美好生活特征越来越明显。游客普遍认为“传统文化离我们更近了，收藏在博物馆里的文物、陈列在广阔大地上的遗产、书写在古籍里的文字都活起来了”。

国庆节旅游市场专项数据显示，84.9%的游客参与2项及以上文化活动，比2020年提升9.6个百分点。参观博物馆和历史文化街区游客比例分别为52.8%、44.4%。中国旅游研究院《中国休闲发展年度报告（2021）》数据显示，2021年选择文化休闲的城镇居民占比稳步上升，相较于2019年，城镇居民工作日、周末、节假日文化休闲占比增幅分别为2.8%、2.37%和3.81%。从文化休闲内部结构来看，65%左右的城乡居民最喜欢去电影院看电影，参观博物馆、科技馆、展览馆等文化场馆，以及选择去戏院、歌剧院、音乐厅等听戏曲、歌剧、音乐

剧等休闲活动。在所有文化休闲活动中，农村居民最喜欢参观博物馆、科技馆、展览馆等文化场馆，城镇居民喜欢参观博物馆、科技馆、展览馆和实地观看文艺演出、体育比赛。

科技创造未来。科技应用日益成为高质量发展的重要举措。国家统计局数据显示，2015—2020年我国经济发展新动能指数分别比上年增长19.6%、22.8%、30.2%、34.9%、26.2%和35.3%。2021年，尽管遭受新冠肺炎疫情的严重冲击，以新产业、新业态、新模式为主要内容的经济发展新动能还是实现逆势快速增长，包括数字化、网络化的新动能对经济发展贡献度越来越高。《"十四五"文化和旅游发展规划》《"十四五"文化和旅游科技创新规划》都提出强化科技为民理念，将科技创新贯穿文化和旅游发展全过程，开展旅游景区、度假区、休闲城市和街区、乡村旅游点智慧化服务技术研究，推动5G、大数据、人工智能、物联网、区块链等新技术在各类文化和旅游消费场景的应用。在资源决定竞争力的大众旅游时代，景区可以通过市场开放和制度创新获得竞争优势。在技术决定赛道的小康旅游时代，科技对增强游客的参与感、体验感和获得感，对提升游客的满意度越发重要。旅游景区要实现转型升级和高质量发展就必须坚定不移地推进数字化战略，让科技成为变革创新的关键支撑和底层器件。

新冠肺炎疫情期间，超过4000多家旅游景区在短期内实现网上预约门票、游客分流限流等防聚集措施，以及分时预约、无接触服务、直播营销和"云旅游"等全流程产品化技术服务。既满足了游客消费需求，又确保了疫情防控落实和人员安全，是通过技术实现有效供给的成功实践。

环球影城主题公园开业，游客看到的是场景，场景的背后是文化，但把文化注入场景依靠的是全新的科技视野和大量先进的科技手段。长隆、方特、欢乐谷等国内头部主题公园之所以与环球影城、迪士尼等世界性知名主题公园还存在着一定的差距，其中一个方面就在于我们的科技力量和科技应用尚显不足，相关的科技人才也不足。还有相当一部分旅游景区关注的焦点仍然是商业模式的迭代优化而非技术跃迁的颠覆性创新。以最热门的VR、AI科技研发和旅游应用来看，国内旅游景区至今仍缺少游客真正体验良好的VR设备。而我们的游客，尤其年青一代的游客对于技术和未来的渴求从来都不吝于表达，所以科技馆在研学游中的分量十足，所以贵州天眼火出圈。归根到底是因为科技正在形塑着旅游的未来，形塑着旅游景区未来的生活场景与空间。

四、旅游景区发展新思维：面向生活，需求引领，内容创造

面向生活。大众旅游初级阶段，旅游的标配是诗和远方，是带着“学而时习之不亦说乎”的古训对孔庙的瞻仰；是一边喊着“不到长城非好汉”，一边义无反顾地去奔赴长城的人山人海；是因为惦记着“五岳归来不看山，黄山归来不看岳”而去游遍五岳，再去欣赏黄山的云海。小康旅游时代，是而立之年去环球影城买一个哈利·波特的魔法棒实现年少时的梦想，是携妻带子去拥抱融创夜阿狸的温暖，是全家总动员一起去洛宝贝乐园体验成长。小康旅游时代的游客，出门即逛景，旅游即生活。面向生活的旅游景区才是有着无限未来的景区。

需求引领。过去的游客，去景区，是“我来了，我标记了，我走了”。今天的游客，去景区，是“我来了，我又来了”，甚至是“我一直都没有离开过”，因为这是我的生活，生活是不会离我而去的。过去的旅游景区是有严格定义的，是圈起来的，是和周边的环境有严格区分的。现在的旅游景区，对于众多的游客来说，是没有边界没有范围的，景区就是有核心吸引力的、可以去玩的、能让我开心的地方。小康旅游时代，旅游就是生活，观光游览和休闲度假的出游

动机与出游方式日趋融合。旅游景区是面向游客的生活空间，旅游度假区则是游客较长时间停留的异地生活空间，两者之间的边界渐趋模糊。网络语境下公众概念里的景区多达100万个，管理部门定义的景区数量却只有几万个。安徽黟县旅游度假区融传统古村落和田园风光为一体，配以康体疗养、运动健身、夜游演艺、节庆演艺等多样化休闲度假产品，这类休闲度假和观光游相结合的复合型旅游产品未来将会有更广阔的市场需求，需要以游客为本的理念重新定义景区的范围和概念，讨论传统旅游景区、街区、度假区的细分和区别。

内容创造。小康旅游时代，景区不仅是自然空间和历史遗址，也是生活空间和当代场景。游客需要旅游景区“给我一个去的理由”，这个理由不再是以前的“世界唯一”“全国独一无二”，也不再是旅游景区门前一块或世界级或5A级的牌子。现在的游客去了景区，是直奔着生活的内容而去的。去吃一碗种草很久的面，去和威震天聊两句天，去体验一把当演员的身临其境，都能成为游客出游的动机。那些有热面，有威震天，有生活的样子，有烟火气息的地方就是景区。也因此，合生汇、文和友会成为网友眼里别样的景区，祥源旗下的合肥星球花园、南京熙南里、建业电影小镇能成为游客的心头好。大众旅游时代，旅游景区是旅游的核心载体；小康旅游时代，旅游景区则有可能是包含所有生活内容的吸引物。不断满足游客美好生活需求、持续进行内容创造创新的旅游景区才是有着无限未来的景区。

五、“十四五”时期旅游景区发展需要明确的几个问题

国民权利纵向延伸、横向扩张的大众游与消费升级、个性张扬的小康游并存，数字驱动、场景创造的智慧游与科技创新支撑的现代游并举。

（一）旅游景区发展的前提：要有共同的理想、信念和价值观

2021 年是“十四五”开局之年。中国共产党成立一百周年之际，我们要再次明确旅游景区发展的初心是什么？是为了人民的旅游权利，为了万千旅游景区从业者的职业尊严，为了旅游景区的高质量发展，也是为了讲好新时代中国旅游故事。

（二）旅游景区发展需要回答的两个问题：文化底蕴是不是浓厚？文化特色是不是鲜明？

从国家层面上来讲，多少年来，孔子、京剧、功夫等文化符号构成世界对中国的文化想象，也是对外文化交流的重要载体。京西沪桂广，加上长江三峡、杭州、敦煌、张家界等少数几个点线，都是入境旅游市场，特别是外国游客的经典观光线路。相对而言，丝绸之路、万里茶路、大运河、长城、黄河、香格里拉等文化旅游线路则长期停留于概念层面和宣传阶段。之所以如此，很大程度上与我们对自己国家的历史地理和文化艺术了解不够系统和不够深入有关。

从地方层面上来讲，旅游是异地的生活方式，旅游目的地是主客共享的生活空间，经济社会越发达，本地人民生活越幸福，就越能吸引异地游客的到访、消费和体验。大爷在公园里健身、大妈在广场上跳舞、中青年在创业创新、青少年在校园里学习，人们在图书馆安静地阅读，在博物馆、美术馆流连忘返，在戏剧场、电影院欣赏艺术，在文化馆、科技馆提升素养。这些本地人的祥和日常才真正体现了浓厚的文化底蕴和鲜明的文化特色。传统旅游景区的式微，一方面是执着于圈山圈水收门票的思维定式，一方面是忽视了对文化的真正理解，也就看不到人民的真正需要。

（三）旅游景区发展需要注意的两个问题

一是建设世界级的旅游景区和度假区、打造国家级旅游休闲度假区，谨防一拥而上，盲目上马，遗留烂尾工程，不能有条件上，没条件的创造条件也要上。要因地制宜因企制宜，稳扎稳打。《中华人民共和国国民经济和社会发展第十四个五年规划和2035年远景目标纲要》中“建设一批富有文化底蕴的世界级旅游景区和度假区，打造一批文化特色鲜明的国家级旅游休闲城市和街区”一经提出，调研过程中，和企业界、地方政府沟通，都摩拳擦掌地表示要上马。地方旅游“十四五”规划和一些旅游集团的“十四五”规划很多都提出了这些目标。

二是景区领域的科技创新、文创等，谨防声光电的噱头和同质化的模仿。无景区不智慧，无景区不文创，无景区不网红的现象，提醒我们需要沉下心来，拨云见雾，找到适宜自己的差异化的技术、产品和定位。一些景区单纯迷恋高科技带来的声光电效应，但内容欠缺，表现浮夸，很多景区的智慧产品或项目，都是雷同的，基本上是，有一个火的，其他的立即跟进，赚到快钱后，再去捕捉制造另一个热点。文创，其实更是需要集中人财物才能做起来的，为什么时至今日能够真正称得上成功的文创，只有故宫文创？一些传统景区在旅游演艺节目上面，也存在这种倾向。此外，网红打卡概念的兴起，使得众多景区一夜成名，部分景区沉迷于新兴碎片化网络推广，忽视了景区本身特质的打造和持续维护，随着网民的兴趣转移，网红热度迅速下降后，很多网红打卡景区会一夜之间门可罗雀，被游客抛弃。持续原创高质量的内容和人性化的服务才是景区可持续发展的根基。

第二章

旅游景区投资分析

一、整体形势分析

2021年以来，国家出台了一系列统筹疫情防控和经济社会发展的政策，文化和旅游部联合其他部委相继出台一批专项政策，包括资金支持、金融信贷政策、税费减免政策、社会保障政策、稳岗就业政策，有序开放指引，特别是针对中小微企业的一些政策，这些政策对文化和旅游市场的恢复振兴都起到了积极的作用。南方文旅、华强方特、陕西旅游、青都旅游等10多家文旅企业在2021年开年之际先后冲刺IPO，在相关政策红利的支持下，2021年成为中国文旅企业IPO的重要一年。

国内旅游市场整体向好，旅游企业复苏、产业振兴的基础始终存在，景区作为旅游产业的发展基石和中流砥柱，在文旅融合发展新阶段，面对消费者需求不断出现新变化的情况，也在不断深化改革创新，向高质量发展转型。2021年6月，上海市中国共产党一大·二大·四大纪念馆景区、湖南省湘西土家族苗族自治州矮寨·十八洞·德夯大峡谷景区，正式成为国家5A级旅游景区，至此国家5A级旅游景区总数达到306家，高质量产品供给是旅游产业发展的重要方向。

2021年7月底，南京、扬州、张家界、厦门等地多点散发疫情，暑期假日市场升温回落，但疫情短时间内已得到全面控制。10月以来，内蒙古、甘肃、黑龙江、辽宁、上海、杭州等地散发疫情，多地又紧急叫停跨省旅游等活动，南非出现新冠新变异毒株，旅游业复苏进程的不确定性依然存在，旅游经济的稳定性还有待进一步强化。对错过暑期和黄金周旅游旺季的景区和目的地而言，第四季度的经营也将面临新一轮的考验。以下内容时间截止到2021年10月。

二、旅游景区类上市公司投资分析

（一）股权变化

自2020年以来，受疫情的反复影响，部分景区类上市企业经营方面出现一些新的情况，体现在股权变化上，主要有控股股东易主、控股股份降低等。在17家景区类上市企业中，上海京遥贸易有限公司以11.72%的占股，成为“西藏旅游”第一大股东，原先第一大股东“国风集团有限公司”成为“西藏旅游”第二大股东；天目湖和西域旅游的第一大股东的股权占比均出现下降；三特索道、桂林旅游的第一大股东的股权占比均出现增长；其他12家景区类上市企业股权仍保持不变（详见表2-1）。对股权变化的企业来说，主要是受疫情影响，造成经营业绩（尤其是门票、交通等收入）下滑，特别是像新疆、西藏等明显存在淡旺季地区的旅游景区，一旦疫情在旅游旺季出现反弹，便会对当期旅游旺季产生较大影响。

表2-1　17家旅游景区类上市企业所有权结构一览表

企业简称	控股股东	控股比例（%）	控股股东性质	实际控制人及性质
云南旅游	云南世博旅游控股集团有限公司	35.74	国有法人	国务院国资委（中央国资管理机构）
宋城演艺	杭州宋城集团控股有限公司	29.48	境内非国有法人	黄巧灵（境内自然人）

续表

企业简称	控股股东	控股比例（%）	控股股东性质	实际控制人及性质
黄山旅游	黄山旅游集团有限公司	40.66	国有法人	黄山市国有资产监督管理委员会（国有）
曲江文旅	西安曲江旅游投资（集团）有限公司	53.16	国有法人	西安曲江新区管理委员会（国有）
峨眉旅游	四川省峨眉山乐山大佛旅游集团总公司	32.59	地方国有控股	峨眉山风景名胜区管理委员会（地方国资管理机构）
西安旅游	西安旅游集团有限责任公司	27.29	地方国有控股	西安曲江新区管理委员会（地方国资管理机构）
丽江旅游	丽江玉龙雪山旅游开发有限责任公司	15.73	社团集体控股	张松山（境内自然人）
三特索道	武汉当代城市建设发展有限公司	37.50	境内非国有法人	艾路明（境内自然人）
桂林旅游	桂林旅游发展总公司	18.36	国有法人	桂林市人民政府（地方国资管理机构）
九华旅游	安徽九华旅游文化旅游集团有限公司	32.63	国有法人	安徽省国资委（国有）
天目湖	江苏天目湖旅游股份有限公司	46.45	自然人控股	孟广才（境内自然人）
长白山	吉林省长白山开发建设（集团）有限责任公司	59.45	国有法人	长白山管委会国有资产监督管理委员会（国有）
张旅集团	张旅集团市经济发展投资集团有限公司	27.83	地方国有控股	张旅集团市人民政府国有资产监督管理委员会（地方国资管理机构）
大连圣亚	大连星海湾金融商务区投资管理股份有限公司	24.03	国有法人	大连市星海湾开发建设管理中心（国有）
西藏旅游	上海京遥贸易有限公司	11.72	境内非国有法人	徐莹（境内自然人）
西域旅游	新疆天池控股有限公司	38.25	国有法人	阜康市国有资产监督管理局（国有）
华侨城	华侨城集团有限公司	47.01	国有法人	华侨城集团有限公司（中央国资管理机构）

（二）业务变化

前三季度披露的财报显示，景区类上市企业增长停滞，部分企业开始扩展新业务或转型。其中，“宋城演艺”于2012年成立了个性化在线旅游电商平台——独木桥旅游网，疫情以来，在结算协议、出租车辆协议、旅行社协议、酒店民宿协议、导游协议等多方面实现了高效的在线签署及管理，极大地降低了企业管理成本，提高企业运行效率和盈利能力。

华侨城布局扩张轨迹逐渐从主要一线城市下沉到二三线城市，在全国多地落地了文旅项目。随着南京欢乐谷、宁波欢乐海岸、深圳欢乐港湾等多个新项目的开业，客流实现大幅增长，带动了文旅收入的增加，文旅营收增速在加快，房地产业务营收占比则在逐步缩减，华侨城文旅正在占据越来越重要的位置；文旅业务方面，华侨城期内新增文旅综合地块均坐落于二三线城市。

三特索道持续拓展新式体验项目，打造国风古韵水演奏会、欢乐东湖大马戏等差异化活动，投资拓展骑乘、冲浪等体验式项目，突破原有的索道项目产品较为单一、对旅游的淡旺季依附性强等瓶颈，通过开发牧心谷项目，探索观光游与休闲度假融合发展新路径，打造“生态主题乐园综合运营商”IP，拓展新的营收增长点，不断走向深度开发。

（三）资产变化

在披露三季度财报的旅游景区类上市企业中，相较于2020年同期，大部分企业都实现了资产增长，但是行业受疫情影响严重，相较于2019年同期而言，普遍处于收缩和下滑状态。其中，西安旅游受益于良好的旅游环境，企业经营持续向好，公司资产大幅增长，高达32.72%；而云南旅游则受边境疫情的反复侵扰，资产下降达20.94%。详见表2-2。

表 2-2　17 家旅游景区类上市企业资产分析表

企业简称	总资产（亿元）		同比增幅（%）
	2020 年	2021 年	
云南旅游	61.81	48.87	-20.94
宋城演艺	111.44	99.08	-11.10
黄山旅游	47.78	50.38	5.45
曲江文旅	30.48	34.22	12.27
峨眉旅游	34.59	35.04	1.30
西安旅游	14.41	19.12	32.72
丽江旅游	28.45	27.77	-2.38
三特索道	26.50	27.41	3.41
桂林旅游	27.55	25.89	-6.00
九华旅游	13.77	14.65	6.40
天目湖	15.58	15.56	-0.13
长白山	12.30	11.37	-7.62
张旅集团	27.93	29.13	4.29
大连圣亚	23.01	21.08	-8.40
西藏旅游	13.89	15.03	8.27
西域旅游	7.40	7.61	2.82
华侨城	4326.91	4812.14	11.21

（四）营收变化

通过梳理 17 家 A 股旅游景区类上市企业前三季度业绩发现，尽管第三季度遭受疫情打击，大多旅企在第三季业绩出现下滑，但受益于上半年业绩的回复，超半数旅游景区类上市企业在前三季仍实现盈利。与 2020 年同期相比，大部分企业盈利水平提升明显，主要是同期经营业绩基数较小，今年1~7月整体发展形势持续向好，因此，2021年前三季度业绩较上年同期增幅较大。详见表2-3。

2021年前三季度，华侨城仍然位居旅游景区类上市企业业绩第一，高达494.45亿元，同比2020年实现增幅203.61%。从营收增幅角度来看，西域旅游、西安旅游、大连亚圣、云南旅游、宋城演艺前三季度的业绩可观；其中，西域旅游归因于今年1~7月整体发展形势持续向好，但8月初至9月末，国内局部地区疫情多点散发影响景区游客回落，对当期旅游旺季影响较大。

表2-3 17家旅游景区类上市企业营收分析表

企业简称	营业收入（亿元）		同比增幅（%）
	2020年	2021年	
云南旅游	3.15	10.07	219.11
宋城演艺	3.36	10.16	202.59
黄山旅游	4.54	6.69	47.26
曲江文旅	6.92	8.97	29.55
峨眉旅游	1.98	5.06	155.78
西安旅游	0.78	4.22	443.83
丽江旅游	1.79	2.90	61.98
三特索道	1.55	3.61	132.63
桂林旅游	0.75	2.03	169.24
九华旅游	2.06	3.26	58.44
天目湖	1.23	3.18	157.78
长白山	0.99	1.58	60.72
张旅集团	0.69	1.69	147.27
大连圣亚	0.50	1.92	287.38

续表

企业简称	营业收入（亿元）		同比增幅（%）
	2020 年	2021 年	
西藏旅游	0.98	1.39	42.20
西域旅游	0.11	1.41	1129.81
华侨城	162.86	494.45	203.61

从企业净利润角度来看，桂林旅游、宋城演艺、九华旅游净利润增长较明显。宋城演艺净利润增长主要得益于新业务扩张，2021 年“五一”前夕，上海千古情首秀成功上演，“五一”期间接待游客合计 18 万人次，为公司带来非常可观的收益；根据财报披露，九华旅游前三季度净利润同比增长 303.83%，得益于费用管控得当。详见表 2-4。

表 2-4　17 家旅游景区类上市企业盈利分析表

企业简称	净利润（亿元）		同比增幅（%）
	2020 年	2021 年	
云南旅游	−0.46	−0.31	−33.48
宋城演艺	**0.94**	**4.29**	**358.13**
黄山旅游	−0.48	0.29	−159.93
曲江文旅	−0.35	−0.29	−17.61
峨眉旅游	0.40	0.13	−67.27
西安旅游	1.07	−0.35	−132.59
丽江旅游	—	0.15	—
三特索道	1.06	−0.03	−102.39
桂林旅游	**−0.17**	**−1.09**	**555.29**
九华旅游	**0.12**	**0.50**	**303.83**

续表

企业简称	净利润（亿元）		同比增幅（%）
	2020 年	2021 年	
天目湖	0.44	0.53	20.59
长白山	—	−0.27	—
张旅集团	—	−0.58	—
大连圣亚	−0.63	0.02	−103.79
西藏旅游	−0.01	0.09	−1175.97
西域旅游	−0.11	0.49	−542.41
华侨城	—	54.68	—

三、旅游景区投资热点分析及建议

高质量发展、双循环的新格局将引领中国旅游业走向新发展阶段。以“一机游、一码游”为代表的目的地智慧旅游平台赋能旅游产业转型发展，文化因素将继续引导相关企业加大投入和研发。

疫情原因造成的游客线下流动性的限制促使景区数字化、网络化、智能化转型加快，云旅游、沉浸式体验、预约旅游等加速崛起，“观演 + 旅游”“博物馆 + 旅游”“美食 + 旅游”“研学 + 旅游”等受到了年轻群体的青睐，密室、剧本杀等与旅游业态的结合，为景区类上市企业引流提供新渠道。部分旅游景区和旅游目的地增加了 VR 技术的投入，引进在线电子导览等新型智慧旅游产品，通过“云旅游”、直播旅游、文创产品研发等方式让游客“种草”，激发潜在游客的出游热情。

2021 年博物馆旅游市场也呈现出不同于以往的新趋势，“云游博物馆”“博物馆文创”等成为市场热点，以博物馆为主要目的地的文化体验、研学等旅游成为投资的新趋势。在市场不断催化下，博物馆游呈现主题走向全年龄覆盖，内容体验沉浸化；以文创IP为媒，文化内容的影响力正在扩大等新趋势。三星堆考古的重大发现，更是带动了考古热和相关文创产品的热销，盲盒、摆件、非遗元素的商品以及IP跨界联名款成为最受年轻人欢迎的品类。河南博物院、陕西历史博物馆、四川三星堆博物馆等文博机构相继推出了文创类盲盒。

无论是传统景区在互联网冲击下的供给侧改革，主题公园、特色小镇在旅游产业遇到瓶颈时的异军突起，还是数字文旅在疫情期间蓬勃发展，都是旅游景区不断创新改革积极探索的结果。在文旅行业复苏、体验经济崛起、景区加快摆脱“门票经济”的大背景下，伴随散发疫情带来的不确定性，旅游景区应依托新一轮科技革命和产业变革，探索新形势下的数字化转型升级，以满足供给侧的线上线下、物质与文化等多元需求为导向，围绕“文化、创意、科技、服务”，不断提升产品供给质量，加快、加大力度探索景区高质量发展的路径。

旅游景区投资重点应着眼以下几个方面：

第一，挖掘文化，做足特色。在文旅融合的大背景下，挖掘特色、提炼IP是景区发展的一个方向。景区投资开发要提炼核心内容，通过创作设计形成演艺、文创、建筑等不同类型的作品，通过有效运营孵化文旅IP形象、形成文旅产品。

第二，利用科技，创新驱动。疫情期间，预约旅游、网上观看云展览或者通过直播去打卡景区成为一大趋势；疫情结束后，未来景区和旅游目的地的竞争是地方经济社会发展水平和综合实力的竞争，是和生活方式的竞争。景区的智慧化建设需要更大的突破，利用智能化的终端设计和内部数字管理系统等大数据技术真正提升景区经营水平，推动景区线上和线下服务能力的增强。

第三，丰富内容，优化供给。在日益个性化、散客化的时代，旅游已经成为一种生活方式，旅游景区要持续去房地产化、去门票经济，努力做增量，植入更多内容，丰富优质旅游产品供给，构建品质型异地生活旅游目的地。

第三章

旅游景区相关政策解读与研究

疫情以来，从国际关系、世界经济，到人际距离、生活方式都发生了变化，疫情给文化和旅游领域的供需两端也带来深刻影响。在疫情、台风、洪灾等给旅游行业带来不利影响的背景下，旅游市场既要做好疫情防控，又要努力丰富旅游产品供给，旅游行业上下游产业链都在进行创新改革。作为旅游业核心载体的旅游景区，拒绝“躺平”，苦练内功，主题公园、特色小镇、VR 景区在疫情期间蓬勃发展。与此同时，政府各部门从国家到地方持续出台纾困惠企政策，推动已有政策宣传落地，从金融支持、减税降费、稳岗就业等多个方面为文化和旅游企业应对不利影响提供了有力帮扶，并印发通知指导各地进一步扩大政策宣传覆盖面和知晓度，着力加大政策落实力度，贯通政策传导“中间段”、打通政策落实“最后一公里”，使各项政策切实惠及广大文化和旅游企业，保障旅游供给市场的稳定持续发展。

一、旅游景区相关政策文件解读

国务院办公厅印发《关于加强草原保护修复的若干意见》。国务院办公厅印发的《关于加强草原保护修复的若干意见》（以下简称《意见》）提出，要推动草原地区绿色发展，充分发挥草原生态和文化功能，打造一批草原旅游景区、度假地和精品旅游线路，推动草原旅游和生态康养产业发展；引导支持草原地区低收入人口通过参与草原保护修复增加收入。《意见》还提出，完善草原自然保护地体系，整合优化建立草原类型自然保护地，实行整体保护、差别化管理。开展自然保护地自然资源确权登记，在自然保护地核心保护区，原则上禁止人为活动；在自然保护地一般控制区和草原自然公园，实行负面清单管理，规范生产生活和旅游等活动，增强草原生态系统的完整性和连通性，为野生动植物生存繁衍留下空间，有效保护生物多样性。

生态文明和美丽中国持续深入人心，坚持“绿水青山就是金山银山”“山水林田湖草是一个生命共同体”的发展理念，是发展草原旅游、科学利用草原资源的重要途径，草原旅游景区开发尤其需要正确处理保护与利用的关系，在保护好草原生态的基础上，进行资源开发利用，促进草原地区绿色发展和农牧民增收。

文化和旅游部印发《“十四五”文化和旅游发展规划》。为进一步推进文化事业、文化产业和旅游业繁荣发展，根据《中华人民共和国国民经济和社会发展第十四个五年规划和2035年远景目标纲要》，文化和旅游部编制了《“十四五”文化和旅游发展规划》（以下简称《规划》），以指导文化和旅游系统“十四五”工作的总体规划。

《规划》提出，完善现代旅游业体系，深入推进大众旅游，积极发展智慧旅游，大力发展红色旅游；推动完善国民休闲和带薪休假等制度，引导各地制定实施门票优惠补贴等政策；支持一批智慧旅游景区建设，发展新一代沉浸式体验型旅游产品，推出一批具有代表性的智慧旅游景区；推进文化和旅游数字化、网络化、智能化发展，推动5G、人工智能、物联网、大数据、云计算、北斗导航等在文化和旅游领域的应用。

“十四五”时期是文化与旅游融合提升和高质量发展的关键阶段。在新的发展背景、格局和形势下，旅游景区高质量发展是大势所趋，未来旅游景区要去房地产化与门票经济，以满足人民群众对美好生活的向往为最终目的，丰富景区内容、增加景区体验项目，从可持续发展、延长产品链、业态多样化、市场多元化、资源利用生态化低碳化、服务精细化、科技赋能运营智慧化、环境友好无障碍、文旅深度融合、治理现代化等方面开展创新改革，夯实环境友好、节能环保的发展基础，做好信息化（智慧化、互联网+）的保障，并加强标准化建设，走高质量发展之路，创建世界一流旅游景区。

文化和旅游部印发《"十四五"文化和旅游科技创新规划》。为贯彻落实《中华人民共和国国民经济和社会发展第十四个五年规划和2035年远景目标纲要》、国家"十四五"文化改革发展规划和《"十四五"文化和旅游发展规划》，围绕建设文化强国目标和任务，进一步发挥科技的引擎和支撑作用，推动我国文化事业、文化产业和旅游业发展迈上新台阶，文化和旅游部编制《"十四五"文化和旅游科技创新规划》（以下简称《规划》）。

《规划》明确了"十四五"文化和旅游科技创新发展的总体要求、重点领域、主要任务、保障措施，系统部署指导文化和旅游科技创新工作，提出强化科技为民理念，将科技创新贯穿文化和旅游发展全过程，开展旅游景区、度假区、休闲城市和街区、乡村旅游点智慧化服务技术研究，研究5G、大数据、人工智能、物联网、区块链等新技术在各类文化和旅游消费场景的应用。

发挥科技引擎支撑作用，推动文化和旅游高质量发展，是"十四五"期间旅游产业高质量发展的重中之重，旅游目的地、旅游景区要将游客获得感、安全感和满意度放在首位，通过科技创新和数字化建设，推进景区预约管理、流量监测、数字导览等智慧化综合服务，发展线上数字化体验产品，培育云旅游、云演艺、云娱乐、云直播、云展览等新业态，让文化和旅游资源借助数字技术"活起来"，提升游客的沉浸式体验感和获得旅游服务的便利程度，保障旅途安全。

文化和旅游部印发《"十四五"文化产业发展规划》。为推动文化产业高质量发展，根据《中华人民共和国国民经济和社会发展第十四个五年规划和2035年远景目标纲要》，文化和旅游部编制了《"十四五"文化产业发展规划》(以下简称《规划》)。《规划》明确了"十四五"文化产业发展的总体要求、重点任务、保障措施，系统部署指导文化和旅游系统文化产业工作，描绘文化产业发展蓝图。《规划》从推进文化产业创新发展、促进供需两端结构优化升级、优化文化产业空间布局、推动文化产业融合发展、激发文化市场主体发展活力、培育文化产业国际合作竞争新优势、深化文化与金融合作七个方面，明确了"十四五"时期文化产业发展的主要方向，并通过8个专栏列出44个重点举措、工程项目，着力增强规划的可操作性。

《规划》提出统筹文化和旅游资源发掘利用，推动更多文化资源要素转化为旅游产品，支持文化文物单位、景区景点、主题公园、园区街区等运用文化资源开发100个以上沉浸式体验项目，发展沉浸式演艺、沉浸式展览、沉浸式娱乐体验等业态，鼓励沉浸式体验与城市综合体、公共空间、旅游景区等相结合，建立世界级旅游度假区建设储备名录，建设一批富有文化底蕴的世界级旅游景区和度假区，打造一批文化特色鲜明的国家级旅游休闲城市和街区，支持有条件的地方开展创建工作。

文化和旅游产业已进入产业质量效益和核心竞争力亟待提升的新时期，需要旅游景区牢牢把握社会主义先进文化前进方向，充分挖掘文化资源，积极推进文化资源"活化"利用，突出自身特色，增强文化为旅游"赋能"，提高文化和旅游资源的利用效率和产业附加值，从"门票景区"向"体验经济"转变，建设"内容体验和衍生品开发"为主要特色的文旅景区。

文化和旅游部印发《关于开展第一批国家级夜间文化和旅游消费集聚区建设工作的通知》。为贯彻落实《国务院办公厅关于进一步激发文化和旅游消费潜力的意见》（国办发〔2019〕41号）（以下简称《通知》），大力发展夜间文化和旅游经济，更好地满足人民对日益增长的美好生活的需要，文化和旅游部决定开展第一批国家级夜间文化和旅游消费集聚区建设工作，特印发本《通知》。

《通知》指出，依托各地现有发展情况良好、文化和旅游业态集聚度高、夜间消费市场活跃的街区、文体商旅综合体、旅游景区、省级及以上文化产业示范园区商业区域等，分批次遴选、建设200家以上国家级夜间文化和旅游消费集聚区，并明确了此次集聚区的遴选要求，包括四至范围明确、业态集聚度高、公共服务完善、品牌知名度较高、市场秩序规范良好、政策环境良好六个方面。根据《通知》，文化和旅游部将通过专家复审、个别现场实地考察等方式，综合考虑区域发展水平、不同集聚区类型，确定和公布集聚区名单，并后续统筹集聚区建设工作的组织开展和动态管理，加强对集聚区的政策支持和宣传推广，指导和支持集聚区特色化、差异化、品牌化发展。

景区夜间旅游是文化旅游的重要板块和夜间经济的有机组成部分，对餐饮、住宿、娱乐、照明、文化、科技等产业的进一步发展和融合促进作用明显，有利于促进疫后文化旅游市场快速复苏、扩大消费。旅游景区要结合自身特色，发挥自身的场所和空间资源优势、设施设备优势、人力资源优势，深度挖掘、整合、提升资源价值和潜力，通过夜间灯展、演艺、节庆、展览等方式，丰富夜间旅游内容，助推景区消费产业链整体升级。

文化和旅游部、国家发展改革委、国家体育总局联合印发《冰雪旅游发展行动计划（2021—2023年）》。为推动我国冰雪旅游高质量发展，助力2022北京冬奥会，文化和旅游部、国家发展改革委和国家体育总局共同研究制定《冰雪旅游发展行动计划（2021—2023年）》（以下简称《行动计划》）。

《行动计划》明确提出，建设一批冰雪主题A级旅游景区，引导以冰雪旅游为主的度假区和A级旅游景区探索发展夏季服务业态。同时，将推出一批国家级、省级滑雪旅游度假地。各地区要推动优化冰雪运动用地政策，加强对冰雪旅游发展的资金支持和对冰雪旅游度假区、景区的监督管理，强化冰雪运动场所安全管理和疫情防控，保障冰雪旅游深入推进。

当前，冰雪旅游已经成为践行“冰天雪地也是金山银山”理念的示范产业，未来随着2022年北京冬奥会的举办，冰雪旅游将成为“三亿人参与冰雪运动”的支撑产业，冰雪旅游景区需求上升，需要进一步破解供给相对单一，综合性、度假性、高参与性的冰雪旅游项目相对稀缺等问题，对接市场消费需求变化，加强业态、文化、科技和营销等方面创新，打造冰雪主题文化体验、休闲度假、体育赛事、温泉养生等多元化产品内容，为游客提供优质冰雪旅游产品，推动冰雪旅游步入高质量发展新阶段。

文化和旅游部印发《关于加强旅游服务质量监管　提升旅游服务质量的指导意见》。为贯彻落实党中央、国务院关于高质量发展的重大决策部署，推动“十四五”时期我国旅游业高质量发展，文化和旅游部编制了《关于加强旅游服务质量监管　提升旅游服务质量的指导意见》（以下简称《指导意见》），从六个方面提出了29条具体任务。

《指导意见》指出，要引导和激励A级旅游景区、星级饭店、旅行社、在线旅游经营者、等级旅游民宿等市场主体将提升旅游服务质量作为增强市场竞争力的重要手段。A级旅游景区要落实“错峰、预约、限量”要求，依法落实最大承载量核定要求，完善流量控制制度，实现国有旅游景区门票网上预约全覆盖，进一步提高景区线上预约便利度。在线旅游经营者要提高专业服务能力。培育优质旅游服务品牌，建设一批富有文化底蕴的世界级旅游景区和度假区，打造一批文化特色鲜明的国家级旅游休闲城市和街区。

从高质量发展阶段的新要求来看，加强旅游服务质量监管、提升旅游服务质量是推进旅游业供给侧结构性改革的主要载体，是旅游业现代治理体系和治理能力建设的重要内容，是促进旅游消费升级、满足人民群众多层次旅游消费需求的有效举措，是推动旅游业高质量发展的重要抓手。旅游经济要从全面复苏走向高质量发展，旅游景区是关键的一环，需要紧紧围绕建设与管理、IP运营与保护、数字化服务等方面加强建设，做足"旅游+"内容，激发旅游发展新活力。

文化和旅游部与国家开发银行印发《关于进一步加大开发性金融支持文化产业和旅游产业高质量发展的意见》。为推动文化、旅游与金融合作不断深化，持续拓宽合作领域、提升合作层次，进一步完善文化产业和旅游产业投融资体系，更好发挥开发性金融优势，加大开发性金融对文化产业和旅游产业高质量发展的支持力度，推进社会主义文化强国建设，文化和旅游部与国家开发银行联合发布《关于进一步加大开发性金融支持文化产业和旅游产业高质量发展的意见》（以下简称《意见》）。

《意见》要求，进一步加大对文化产业和旅游产业领域重点重大项目的金融支持力度，支持国家文化和旅游消费示范城市、试点城市文化和旅游消费场所及设施以及国家文化产业和旅游产业融合发展示范区、国家级夜间文化和旅游消费集聚区等试点示范工作推进；做好全国研学旅行示范基地、国家全域旅游示范区、国家A级旅游景区、国家级旅游度假区、国家级旅游休闲城市和街区、全国红色旅游经典景区、历史文化名城名镇名村、全国乡村旅游重点村镇等融资支持，在政策措施方面，要求做好融资规划、做好资金支持、提供综合性金融服务。

旅游景区建设成本高，前期投入大，离不开金融的有力支持，开发性金融以国家信用为背书，能够整合各方资源，联合政府资源和社会资本共同发挥作用，在促进社会建设中具有独特优势。旅游景区要积极争取国开行开发性金融支持，联合开发银行探索多渠道服务景区建设的方式方法，将开发银行大额、长期、批发资金优势和地方政府组织、协调、资源整合等优势结合起来，依法合规构建市场化融资模式，为景区长远发展提供更加有力的金融服务。

文化和旅游部、中央宣传部、中央党史和文献研究院、国家发展改革委联合印发《关于发布“建党百年红色旅游百条精品线路”的公告》。为深入贯彻习近平新时代中国特色社会主义思想，隆重庆祝中国共产党成立100周年，充分展示中国共产党带领全国各族人民在中国革命、建设、改革历史进程中取得的重大成就，引导干部群众就近就便开展实地考察、国情调研，文化和旅游部、中央宣传部、中央党史和文献研究院、国家发展改革委联合发布“建党百年红色旅游百条精品线路”，要求各单位结合实际，创新性地开展红色旅游。百条线路共分为52条“重温红色历史、传承奋斗精神”主题线路、20条“走近大国重器、感受中国力量”主题线路、28条“体验脱贫成就、助力乡村振兴”主题线路三个主题大类。

近年来，随着国家政策利好不断，红色旅游发展增速，旅游市场规模不断扩大，成为文旅融合的新焦点；特别是2019年新中国成立70周年、2021年中国共产党成立100周年两大节点的到来，更是助推红色旅游愈加升温，红色旅游景区越来越受到游客青睐。红色旅游多次被写入国家级政策文件，为行业发展提供了全方位的支持。在国家政策的扶持下，红色旅游将成为文旅经济增长的重要抓手。相应的，作为红色旅游重要载体的红色旅游景区，未来需要多方位探索“红色+”发展模式，将红色文化元素融入体验、娱乐、餐饮、购物等消费领域，以创意开发、5G技术、大数据中心、人工智能等为依托，提升红色景区项目可视化效果、互动参与深度，在文化旅游各个环节中进行爱国主义教育和革命传统教育，提高政治效益、社会教育、经济效益。

文化和旅游部印发《关于推进旅游商品创意提升工作的通知》。为更好地推进文化和旅游融合发展，切实提升旅游商品开发水平，文化和旅游部决定组织实施旅游商品创意提升行动，发布《关于推进旅游商品创意提升工作的通知》。通知指出，深入推进创意产品开发信息名录建设，探索创新多种开发经营模式，着力丰富旅游商品主题种类，全面推进“创意下乡”“创意进景区”工作。围绕长城、长征、大运河、黄河等国家文化公园建设，以及红色旅游、乡村旅游、工业旅游、休闲度假、非遗传承等主题，推动开发一批如长城主题文创产品、乡村创意产品、特色非遗产品、工业旅游纪念品等多种类型的系列旅游商品，进一步丰富旅游商品供给，形成百花齐放格局。

旅游商品是旅游业的重要组成部分，也是延伸旅游景区产业链、扩大旅游景区消费、推动旅游景区提质增效的有效途径。旅游景区要以市场为导向，积极探索自主研发、合作开发、品牌授权等多种模式，挖掘自身资源特色，树立品牌意识，创意开发旅游商品，拓宽市场营销渠道，积极引导线上营销、互动营销，促进二次消费。

文化和旅游部印发《关于全面加强当前疫情防控工作的紧急通知》和《关于积极应对新冠肺炎疫情进一步加强跨省旅游管理工作的通知》。2021 年 7 月出现的国内疫情打断了暑期游的升温态势。截至 2021 年 8 月 4 日，全国有 20 省（区、市）的 1152 家 A 级旅游景区暂停开放。此轮疫情不仅重创了传统暑期旺季的旅游消费市场，也对交通运输业、餐饮业等旅游相关行业造成了一定的影响。疫情常态化防控要求旅游景区既要做好疫情防控，又要积极迎客，把当前客流减少的局限视为转型机遇，严格落实“限量、预约、错峰”制度，转变“门票经济”发展模式，在精细化管理和服务深耕细作，努力发展餐饮、演艺、文创、住宿等业态，寻找新的增长点，谋求景区管理升级，以更丰富、更优质的文旅供给推动旅游市场复苏。

中央宣传部、国家发展改革委、教育部、科技部、民政部、财政部、人力资源社会保障部、文化和旅游部、国家文物局联合印发《关于推进博物馆改革

发展的指导意见的通知》。为深化改革，持续推进我国博物馆事业高质量发展，中央宣传部、国家发展改革委、教育部、科技部、民政部、财政部、人力资源社会保障部、文化和旅游部、国家文物局九部门印发了《关于推进博物馆改革发展的指导意见》（以下简称《意见》）。

《意见》提出，要统筹不同地域、整合不同层级、协调不同属性、促进不同类型博物馆发展；实施中国特色世界一流博物馆创建计划、卓越博物馆发展计划和中小博物馆提升计划，重点培育10至15家代表中国特色中国风格中国气派、引领行业发展的世界一流博物馆；将博物馆事业主动融入国家经济社会发展大局，探索在文化资源丰厚地区建设“博物馆之城”“博物馆小镇”等集群聚落。

博物馆作为文化和旅游相融合的产物，兼具艺术观赏、历史溯源、科学研究、教育推广等功能。在中国文化自信日益增强的社会背景下，全国各地博物馆的数量迅速增加，“去博物馆”成为新风尚，受疫情防控影响，一批“云上博物馆”文旅产品普及开来，博物馆数字化转型步伐加快。未来，博物馆类景区将围绕“互联网+中华文明”，强化核心IP，积极开展博物馆数字化建设，加强创意研发，推动“服务+管理+运营”的智能升级，不断提升博物馆旅游产品内容质量和服务水平，建设功能复合化博物馆。

文化和旅游部印发《“十四五”非物质文化遗产保护规划》。为贯彻落实《中华人民共和国国民经济和社会发展第十四个五年规划和2035年远景目标纲要》、国家“十四五”文化改革发展规划和《“十四五”文化和旅游发展规划》，进一步加强非物质文化遗产（以下简称“非遗”）保护传承工作，文化和旅游部印发《“十四五”非物质文化遗产保护规划》（以下简称《规划》）。

《规划》明确了“十四五”非物质文化遗产保护的总体要求、主要任务和保障措施，系统部署“十四五”时期非遗保护工作，支持非遗有机融入景区、度假区、旅游休闲街区、特色小镇，鼓励非遗特色景区发展，从加强组织领导、完善政策法规体系、强化机构队伍建设、加强经费保障四个方面保障各项措施的落实，推动形成有利于非遗保护传承的体制机制和社会环境。

“十四五”时期，社会经济的高质量发展为非遗保护传承提供了良好的基础条件，非遗传承发展环境发生重大变化，人民对美好生活的需要也对非遗保护提出了更高的要求。在文化和旅游融合发展的政策与市场环境下，“非遗＋旅游”成为一种常态。未来景区需践行“在提高中保护”“非遗走进现代生活”“见人见物见生活”，进一步探索“非遗＋研学”“非遗＋节庆”“非遗＋演艺”“非遗＋文创”“非遗＋民宿”等多元发展模式，积极释放非遗旅游发展活力，为非遗保护传承和发展振兴贡献景区行业力量。

文化和旅游部、中央宣传部、国家发展改革委、财政部、人力资源社会保障部、市场监管总局、国家文物局、国家知识产权局联合印发《关于进一步推动文化文物单位文化创意产品开发的若干措施》。为深入贯彻落实习近平总书记关于繁荣发展文化事业和文化产业的重要指示精神，进一步推动文化文物单位文化创意产品开发，文化和旅游部、中央宣传部、国家发展改革委、财政部、人力资源社会保障部、市场监管总局、国家文物局、国家知识产权局八部门联合印发《关于进一步推动文化文物单位文化创意产品开发的若干措施》（以下简称《措施》）。

《措施》明确提出，要落实文化文物单位文化创意产品开发试点政策，实施旅游商品创意提升行动，提高文化创意产品开发科技应用水平，推动将旅游商品质量保障、文化特色等要求纳入高等级旅游景区、旅游度假区评定标准内容和乡村旅游重点村镇等遴选条件；深入推进“创意进景区”“创意下乡”工作，组织开展全国文化和旅游创意产品推进活动，促进旅游消费提质升级。

为大力发展旅游文创产业，国家不断出台政策促进旅游创意设计、工艺美术等行业创新发展，鼓励文化文物单位广泛开展文创产品的开发与经营，为旅游景区文创产品的开发设计带来巨大机遇。旅游景区应整合自身资源，以市场为导向，构建系统化的旅游文创产品 IP 品牌，走“特色 IP”主题的文创开发之路，一方面将旅游景区资源转化为文创产品经济效益，另一方面实现旅游景区文化宣传。

文化和旅游部制定《加强导游队伍建设和管理工作行动方案（2021—2023年）》。为贯彻落实党中央、国务院关于高质量发展的决策部署，加快建设高标准旅游市场体系，文化和旅游部研究制定了《加强导游队伍建设和管理工作行动方案（2021—2023 年）》（以下简称《方案》）。

《方案》确定三年行动的主要目标和重点任务，提出六大类 28 项重点任务；明确指出要推进导游执业改革，修订《导游人员管理条例》及相关法律法规；完善导游资格准入制度，适应旅游市场小团化、定制化消费需求；实施持证导游进景区行动，鼓励景区对持有导游证从事执业活动或者与执业相关活动的导游免除门票，支持导游在景区内为游客提供讲解服务。

导游是旅游接待服务的重要力量，导游讲解服务质量对于旅游景区的发展至关重要，对提高旅游景区知名度、美誉度和吸引力具有重要意义。旅游景区要进一步强化导游队伍管理，重视导游讲解服务，规范导游服务市场秩序，不断提升导游讲解员的文化素养和服务水平，落实导游人员权益保障措施，建设一支规范专业、积极向上的导游队伍，助力景区高质量发展。

二、旅游景区相关政策文本研究

依托中国政府官方网站、文化和旅游部官方网站，以“文化、旅游、景区”为关键词，对截止到 2021 年 9 月底公布的通知、公告、意见、公报等公文进行检索，利用文本分析、知识图谱分析等方法对文本进行分析，对文本中有关旅游景区以及值得旅游行业关注的政策动向进行整理和研究。

2021 年国内旅游景区发展，既要应对疫情反复出现的挑战，又要面对经济高质量发展的要求挑战，转型升级之路异常艰难。文化和旅游系统坚持贯彻落实党中央决策部署，坚持稳中求进、开拓创新，努力做到疫情防控和复工复产复业“双推进”，围绕旅游景区防控、服务质量、市场监督、商品开发、扩大消费、管理改革等方面，制定了一系列重大政策，推进文旅融合创新发展。

截止到 2021 年 9 月底，在与旅游景区相关的行业政策文本中，出现的高频词汇有“文化产业、创新、消费、冰雪、博物馆、服务质量、景区、导游、安全”等。详见表 3-1。

表 3-1　高频词汇统计表

序　号	单　词	词　频
1	文化产业	323
2	创　新	312
3	消　费	225
4	冰　雪	177
5	博物馆	173
6	服务质量	157
7	景　区	156
8	导　游	146
9	安　全	143
10	融　合	139
11	精　品	129
12	乡　村	121

续表

序 号	单 词	词 频
13	线 路	121
14	高质量	116
15	科 技	113
16	改 革	113
17	品 牌	102
18	政 策	99
19	防 控	88
20	文化遗产	84
21	疫 情	77
22	供 给	75
23	需 求	73
24	数字化	68
25	旅行社	67
26	演 出	61
27	智 慧	60
28	治 理	57
29	十四五	57
30	教 育	56
31	融 资	48
32	互联网	46
33	健 康	45
34	夜 间	44
35	红 色	40

续表

序　号	单　词	词　频
36	标准化	40
37	度假区	37
38	扶　持	37
39	中华文化	36
40	优　质	35
41	体　育	35
42	振　兴	34
43	街　区	33
44	市场监管	31
45	休　闲	31
46	文物保护	28
47	大运河	23
48	美好生活	23
49	红色旅游	22
50	黄　河	21

（一）政策汇总

截止到2021年9月底，在中国政府网、文化和旅游部官网，共检索出40项与旅游景区相关的公告、意见、通知、报告等公文，在剔除重复、相关性较弱的文件后，剩余31项。具体见表3-2。

表 3-2　2021 年国家出台文旅相关政策统计表

序号	文件名称	发文部门
1	《关于进一步加强和改进旅游客运安全管理工作的指导意见》	交通运输部、公安部、商务部、文化和旅游部、应急管理部、市场监管总局
2	《关于以标准化促进餐饮节约反对餐饮浪费的意见》	市场监管总局、商务部、文化和旅游部
3	《冰雪旅游发展行动计划（2021—2023 年）》	文化和旅游部、国家发展改革委、国家体育总局
4	《关于进一步用好地方政府专项债券推进文化和旅游领域重大项目建设的通知》	文化和旅游部
5	《关于推动公共文化服务高质量发展的意见》	文化和旅游部、国家发展改革委、财政部
6	《关于开展＜文明旅游示范单位要求与评价＞（LB/T 075—2019）实施工作的通知》	文化和旅游部
7	《旅游景区恢复开放疫情防控措施指南（2021 年 3 月修订版）》	文化和旅游部
8	《关于做好 2021 年文明旅游工作的通知》	文化和旅游部
9	《关于进一步加大开发性金融支持文化产业和旅游产业高质量发展的意见》	文化和旅游部、国家开发银行
10	《“十四五”文化和旅游发展规划》	文化和旅游部
11	《“十四五”文化产业发展规划》	文化和旅游部
12	《关于推进博物馆改革发展的指导意见的通知》	中央宣传部、国家发展改革委、教育部、科技部、民政部、财政部、人力资源社会保障部、文化和旅游部、国家文物局
13	《关于确定新疆维吾尔自治区赛里木湖景区和新疆生产建设兵团塔克拉玛干・三五九旅文化旅游区为国家 5A 级旅游景区的公告》	文化和旅游部
14	《关于发布“建党百年红色旅游百条精品线路”的公告》	文化和旅游部、中央宣传部、中央党史和文献研究院、国家发展改革委
15	《“十四五”文化和旅游市场发展规划》	文化和旅游部
16	《关于加强旅游服务质量监管　提升旅游服务质量的指导意见》	文化和旅游部

续表

序号	文件名称	发文部门
17	《关于确定上海市中国共产党一大·二大·四大纪念馆景区、湖南省湘西土家族苗族自治州矮寨·十八洞·德夯大峡谷景区为国家5A级旅游景区的公告》	文化和旅游部
18	《“十四五”公共文化服务体系建设规划》	文化和旅游部
19	《加强导游队伍建设和管理工作行动方案（2021—2023年）》	文化和旅游部
20	《“十四五”文化和旅游科技创新规划》	文化和旅游部
21	《关于抓好金融政策落实　进一步支持演出企业和旅行社等市场主体纾困发展的通知》	文化和旅游部、中国人民银行、中国银行保险监督管理委员会
22	《“十四五”非物质文化遗产保护规划》	文化和旅游部
23	《关于开展第一批国家级夜间文化和旅游消费集聚区建设工作的通知》	文化和旅游部
24	《关于推进旅游商品创意提升工作的通知》	文化和旅游部
25	《关于组织开展2021年全国文化和旅游消费季活动的通知》	文化和旅游部
26	《关于全面加强当前疫情防控工作的紧急通知》	文化和旅游部
27	《关于积极应对新冠肺炎疫情进一步加强跨省旅游管理工作的通知》	文化和旅游部
28	《关于开展国家旅游科技示范园区试点申报工作的通知》	文化和旅游部
29	《关于进一步推动文化文物单位文化创意产品开发的若干措施》	文化和旅游部、中央宣传部、国家发展改革委、财政部、人力资源社会保障部、市场监管总局、国家文物局、国家知识产权局
30	《关于加强政策扶持进一步支持旅行社发展的通知》	文化和旅游部
31	《关于加强草原保护修复的若干意见》	国务院

（二）词频分析

政策公文类型。截止到2021年9月底，在国家层面，与旅游景区及其相关的政策公文类型，以通知、意见为主。详见表3-3。

表3-3　相关政策公文类型统计分析

公文类型	词频
通　知	12
意　见	7
其　他	21

政策制定部门。从政策制定的主体看，在国家层面，与旅游景区及其相关的政策公文制定，以文化和旅游部为主。其中，参与文旅行业政策制定的部门涉及文化和旅游部、国家发展改革委、中央宣传部、市场监管总局、财政部、国家文物局、商务部等21个部门，多部门共同参与保证了政策顺利推行并有效贯彻实施。详见表3-4、图3-1。

表3-4　相关政策制定部门统计分析

序号	发文部门	词频
1	文化和旅游部	30
2	国家文物局	2
3	国家发展改革委	5
4	人力资源社会保障部	2
5	国家开发银行	1
6	交通运输部	1
7	商务部	2
8	中央党史和文献研究院	1

续表

序号	发文部门	词频
9	中国银行保险监督管理委员会	1
10	中央宣传部	3
11	科技部	1
12	教育部	1
13	市场监管总局	3
14	财政部	3
15	公安部	1
16	应急管理部	1
17	国家体育总局	1
18	民政部	1
19	中国人民银行	1
20	国家知识产权局	1
21	国务院	1

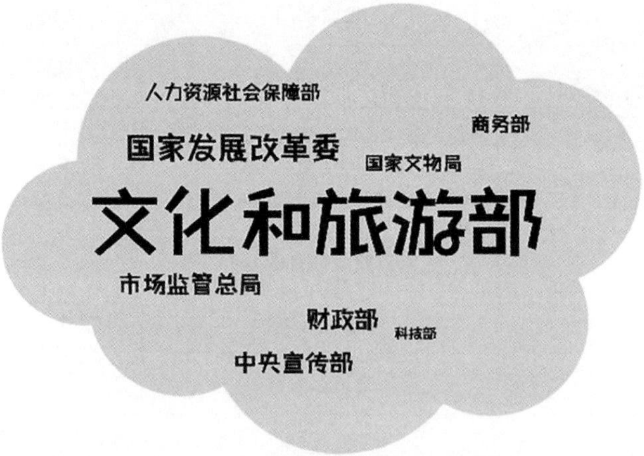

图 3-1 相关政策发文部门词频分析

政策词频分析。根据对国家层面与旅游景区及其相关的政策公文文本进行的统计分析，2021 年以来，国家层面出台围绕旅游景区的政策高频词汇，主要涉及“文化和旅游、旅游服务质量、文化产业、创新、高质量发展、消费、公共服务、科技、疫情防控、博物馆、冰雪旅游、红色旅游”等（详见图 3-2）。2021 年，随着疫情防控形势的不断变化，这一阶段出台的政策主要侧重于对疫情局部散点暴发的精准施策、对保持疫情防控成果的巩固、对促进行业高质量发展的积极主动创新，表明国家化“危”为“机”的智慧和勇气，以及以更大的政策力度、更实的扶持举措，来对冲疫情影响，推动旅游业高质量发展的决心。

图 3-2　高频词汇分析

第四章
旅游景区文化和旅游融合发展研究

新冠疫情俨然已成为“新旧世界”的分水岭，经过2020年众志成城的抗疫，再到今年疫情反复下的常态化抗疫，我们看到的旅游景区，既有受疫情影响脆弱的一面，也有坚韧不拔创新求变的一面。蹚过这两年水深火热的旅游景区用事实和行动告诉我们，我们再也回不到从前，我们也不需要回到从前，我们是太上老君炼丹炉里的孙悟空，正修炼着火眼金睛等待着破茧重生。

《中国旅游景区发展报告》课题组长期关注旅游景区的创新与业态变化，自2020年开始发布文化和旅游融合创新研究成果，这些创新成果或者直接是景区的整体创新，或者是景区内的一部分内容创新，或者是基于景区的上下游产业链创新，它们无不与景区的发展息息相关。从这些项目里能看到游客的诉求，也能看到景区及上下游产业链的回应；能看到未来景区业、旅游业的长期发展态势，也能看到小康时代人民的生活——我们的未来不是梦。

一、2020年文化和旅游融合创新项目研究

2020年12月12日，中国旅游研究院（文化和旅游部数据中心）战冬梅博士代表课题组，发布了文化和旅游融合发展创新项目研究成果，现将项目解读与项目代表发言全文转载如下。

主持人：各位领导，各位嘉宾，大家下午好！很高兴代表中国旅游研究院

课题组发布我们的文旅融合创新项目研究成果。首先，我们进入“文旅融合创新项目”发布环节。汇总的时候，我发现咱们这些小而美的项目名字，可以用两句话连起来：

故宫以东，成长宝贝体验喜事拈花湾

祥源星球，格林兄弟夜游黄鹤见阿狸

不知道这么一说，是不是大家都能猜出来我们的这些重点研究成果了？再次强调一下，项目发布的顺序，是按项目所在地行政区划排序的，排名不分先后。发布第一个项目前，我想问大家，对北京到底是熟悉呢，还是熟悉呢？也许您会毫不犹豫地回答：我熟悉，我熟悉，我知道故宫，我知道天坛……那么，您跟故宫里的小怪兽打过招呼吗？天坛的声学与建筑奇迹了解吗？也或者，您的回答是不熟悉北京，那更好办了。有请2020“故宫以东，一见如故”旅游产品创新项目代表——中国旅游集团旅行服务有限公司入境游部总经理刘会元先生。

刘会元：尊敬的戴斌院长、各位领导和同仁，大家好！

首先我代表中国旅游集团旅行服务有限公司感谢中国旅游研究院，非常荣幸获得“2020年文化和旅游融合发展十大创新项目”的称号！同时我也想借此机会衷心感谢东城区文旅局的领导和团队，为我们提供了“故宫以东”产品合作的宝贵机会。

2020年是极为特殊的一年，中旅旅行与所有旅游企业一样，遭受到疫情重创。从2月开始，我们在集团和公司领导的带领下迅速行动，怀着坚定信念，全力以赴投入到生产自救和业务转型中，以变应变，持续探索适合自身发展的道路。

在产品和服务方面，中旅旅行始终坚持“自主研发、主题鲜明、品质服务、市场引领”的原则，没有一味依靠降价进入市场中，而是顺应文旅融合的大趋势，深挖资源的文化内涵，借助国际视野，精准分析市场，力争以良好的口碑和社会影响力在市场中找到突破口，树立行业标准。

北京是有着三千年历史的世界级文化名城，而位于市中心的东城区则是文物古迹最为集中的区域，这为旅游产品研发提供了绝佳的机会。东城区文旅局历来重视文旅融合发展，“故宫以东”是他们近年来着力打造的文旅品牌。今年8月，东城区文旅局与中旅旅行签署合作备忘录，旨在双方共同协作，深挖东城旅游资源，推出“故宫以东”系列文化主题产品。中旅旅行积极配合，精心打造了多条主题线路，并在第一时间通过全国门店和中旅旅行官网及APP同步销售。

2020年“故宫以东”合作项目产品包括“故宫里的小怪兽”、“天坛声学与建筑奇迹”、“器晤华夏”国博课程、“国风匠心景泰蓝体验制作”和“游戏京城之寻玉记”等九款旅游产品，涵盖了东城区众多的文化和旅游资源，既有故宫、天坛、雍和宫和孔庙等名胜古迹，也有国家博物馆这样的文化地标和北京珐琅厂等“非遗”项目传承地，还有五道营胡同网红打卡地和特色美食餐厅。

一系列小而美的旅游产品既顺应了疫情常态下亲子家庭出游的需求增加，又以深厚的文化底蕴和丰富的互动体验为内容，配以“有品质、有温度”的服务，寓教于乐，“游”“学”并举，一经推出便获得了游客和市场的广泛好评，多款产品销售火爆；其中“游戏京城之寻玉记”产品还登上北京卫视的新闻报道。12月11日，九款主题产品已在美团平台“故宫以东”官方旗舰店发布，随后我们还将继续上线更多新产品，诚邀各位领导同仁密切关注。

当前，疫情防控成为常态化，以内循环为主的双循环发展格局已经确立，以政府为主导的文旅融合正在蓬勃发展。在这种挑战与机遇并存的大背景下，我们旅游企业应当积极改变思路、顺应形势，充分利用政府提供的平台和资源，深挖产品文化内涵，提升服务品质，提高产业化运营能力，在政府搭建的舞台上演出一幕幕以创新为主题的好戏，为推进旅游市场复苏、加速旅游业高质量发展贡献我们的力量。

主持人：北京是古老的，北京也是年轻的。北京不仅有600岁的故宫，北京还有个小姑娘。这个小姑娘获国际艾美奖儿童奖提名，这个小姑娘在戛纳电视节跑进了全球30强，这个小姑娘还将要陪伴无数儿童快乐地成长。有请洛宝贝成长乐园创新项目代表智游（北京）儿童乐园有限公司总监陈芬芬女士。

陈芬芬：各位领导、各位朋友，大家下午好！

我是大业漫奇妙的项目总监陈芬芬。非常荣幸，代表洛宝贝家族，来领十大创新项目成果。站在这里，脑海里浮现一个词，叫“高光时刻”，真心感谢，也非常感动。感谢中国旅游研究院给我们这个机会，感谢所有喜欢洛宝贝和洛宝贝乐园的朋友们，谢谢你们的认可。

还记得，2008年，那个可爱的中国女孩洛宝贝，圆溜溜的大眼睛，活泼俏皮的笑容，来到我们身边，这么多年，我们说她是一个充满能量的姑娘，她带着爱和快乐，走进千家万户，和我们的孩子一起快乐成长，她走遍全球200多个国家，会说23种语言，全世界的孩子和家庭都知道，都认识，这个中国女孩——洛宝贝。

从2015年6月开始，我们成立了洛宝贝乐园公司，推出了洛宝贝成长系列项目，开启了文旅融合实践之路。5年来，默默耕耘不断创新，线上线下室内室外都有洛宝贝的身影，到现在，我们拥有4家室内乐园，1家户外营地，还有线上乐园……孩子们很喜欢，大人们也很喜爱。文旅融合之路还很长，我们会一步一个脚印，扎扎实实地走好每一步。

最后，作为洛宝贝的娘家人，欢迎在场的大朋友小朋友们，和家人一起，来找洛宝贝玩，来洛宝贝乐园玩，谢谢大家！

主持人：有一个地方，人都说好风光。其实，正如戴斌院长一直强调的“景观之上是生活”，这个地方更是个大大的博物馆，它没有屋顶，也没有围墙。它的历史，它的厚重，会让远道而去的我们有无从下口的感觉。现在，我们不需要担心这个问题了。有请山西文旅数字体验馆代表山西文旅集团党委常委、副总经理刘娟女士。

刘娟：尊敬的各位领导、各位嘉宾、企业家朋友们，大家下午好！

山西作为文化旅游资源的大省，有三个第一：地上的古建筑占到全国的70%，全国第一；国家级文保单位531处，居全国第一；国家历史文化名村111处，居全国第一。用一句话形容，整个山西省就是一个可以触摸、可以亲近、可以对话的“没有围墙也没有屋顶的博物馆”。习近平总书记在今年5月视察山西时指出，要“让旅游成为人们感悟中华文化、增强文化自信的过程”。那么，山西如此厚重的历史文化以何种形式让更多人感悟到？基于这样的目的，我们山西文旅集团打造了国内首座数字文旅体验馆。

在这里，您可以穿越时空领略一次数字化的文化之旅。可能您到山西后无法第一时间、一次性到达全省各个地方，但是您可以在体验馆用最短的时间、最直接的方式全面了解山西的文化、全面领略山西的风光。展馆以“华夏古文明、山西好风光”为主题，聚合了全省文化资源、旅游资源、文物资源，打破历史、艺术、技术的界限，再现了五千年文明。

在这里，您可以沉浸式体验一次数字化的科技之旅。我们以最先进的数字技术创造独特视角，充分运用人工智能、混合现实、边缘计算、全息成像、AR、VR、体感交互等技术，还原历史场景，实现全景漫游，呈现超现实的视觉体验。体验馆是多维开放的，没有空间壁垒，它可能是一个模块化的移动数字文旅集装箱，一段数字光影、全息成像，也可能是一个文创摆件，一张特质的AR明信片。

在这里，您还可以看到数字文旅融合创新的无限潜能。体验馆只是山西智慧文旅产业集聚发展平台的应用之一，我们还建设了省级智慧旅游云平台、智慧文旅产业园，共同构建了智慧文旅建设运营生态体系。今年入选了文化和旅游部2020年度文旅信息化发展典型案例。尤其是12月6日，中宣部黄坤明部长亲自到文旅数字体验馆视察调研，给予了我们充分肯定。

各位嘉宾，对于这样一个数字感、科技感、体验感强的项目，我可能无法用简短的语言全面地呈现。所以，诚邀大家到山西文旅第一站——我们的数字文旅体验馆参观指导。

谢谢大家！

主持人：人逢喜事精神爽，再对一句戴斌院长的“寻常生活客自来”。什么样的喜事，能让客人成主人？什么样的喜事，能让看客变主角？什么样的喜事，能让我们入一场戏、活一座城？有请南京喜事总策划、南京旅游集团品牌宣传部副部长徐君女士。

徐君：首先感谢中国旅游研究院，感谢戴院长。刚才战博士已经点评了《南京喜事》项目，谢谢。我是徐君，来自南京旅游集团，是南京喜事的总策划。在这里我主要想分享以下4个关键词。

沉浸式。南京喜事做到了“感官沉浸+戏剧沉浸”双重沉浸。通过数字媒体、光影科技、视觉效果我们做到了360度全沉浸感官体验。通过观众换装、一秒入戏，观众即演员的情境设计，我们做到了戏剧沉浸，所以是双重沉浸。

互动性。南京喜事强调观众的参与，演员和观众的高频次互动，打破了传统戏剧的第四面墙。演员不是单纯地表演，而是需要调动现场的气氛，照顾到每个观众的感受。观众不是单纯地观演，而是需要参与互动当中，共同与演员一起推动剧情发展。

体验感。南京喜事自开演以来，场场爆满，一票难求。源于观众的体验感好，口碑好。观众自发在大众点评、微博、微信等平台写下观演体验，五星好评，赢得市场认可。我们并没有投入太多的宣传费用，而是注重用户体验，做好产品本身。目前南京喜事最高纪录是11刷用户，还有很多8刷、7刷的多刷用户。因为看一次南京喜事是不够的。

商业运营。从策划这个项目之初，我们就做了详细的财务测算和运营方案。因为要保持项目长期的稳定发展，就一定要有可行的运营思路。特别是在财务方面的把控，是项目的根基。南京喜事项目开演第一个月就做到了运营平衡，实现盈利。目前营收稳定增长。

最后，我想和大家分享策划南京喜事项目的初衷：我们希望做出一个代表南京文化的沉浸式文旅融合项目，献给这座我们热爱的城市南京和热爱这座城市的人们。谢谢！

主持人：你拈花，我微笑。没有什么，比懂你更重要。这是一个江南小镇和游客之间的真实写照：给你想要的，而不是给你我有的。当然了，你要的，我都有，你不来，没理由。有请无锡拈花湾代表拈文投党总支书记、副总经理朱嫣女士。

朱嫣：尊敬的戴院长、各位领导、各位业界的同仁，大家下午好！非常感谢主办方给予我们拈花湾景区这样一份殊荣。我们拈花湾有今天，得益于我们中国文旅界的蓬勃发展的时代大势，得益于我们文旅界各位前辈、各位领导和各位同仁对我们的关爱、支持与指导，得益于广大游客的喜爱与认可，也得益于我们吴国平董事长所带领的这样一支颇具创意、创新、创造精神的灵山团队。其实在十年前我们拈花湾还是一个名不见经传的太湖边的小镇，在吴国平董事长的带领下，灵山人像拓荒者一样十年磨一剑，从一张白纸到一路风景，从隐于乡野到闻名于世，个中艰辛甘苦自知。拈花湾的发展之路很好地验证了当下的中国旅游业不缺消费者，只缺好产品，很好地诠释了产品创新永远是发展的第一动力。我们的拈花湾是对中国传统禅意的创新性解读和创造性表达。我们通过禅意的山水、建筑、景观、演艺业态等表现手法，向我们游客传递了一个唐风宋韵的禅意文化小镇，一个心灵度假的旅游目的地，一个发现美、创造美、展示美、传递美、分享美的禅意情境的地方，一个向游客传递着简单、健康、快乐的生活方式的地方。我想今天这份荣誉对我们拈花湾景区来说不仅仅是一份荣誉，更多的是一种鞭策，是一份不断推动我们永远追求卓越的前行动力。我们将时刻以一种敬畏市场、敬畏游客的心态，不断超越自我、超越期待，让产品迭代，服务提升，永远在路上。

同时，作为景区的运营主体，拈花湾文投公司也在全国做了一些轻资产项目，我们将继续秉承灵山集团传承文化、创造经典的企业使命，精细、精致、精美的匠心理念，努力打造更多的、人们喜欢的文旅精品，为弘扬传统文化、讲好中国故事贡献我们的一份力量。谢谢大家！

主持人：刚发现，十大创新项目，是花开两朵，表完拈花湾，再表另一枝。我们经常说一花一世界，那么，一个星球的花，会带给我们怎样的想象空间呢？有请祥源·星球花园代表祥源文旅事业群国内发展部总经理周文杰先生。

周文杰：非常荣幸能够站在今天这个台子上。说句实在话，今年其实挺不容易，疫情的到来让文旅实际上透心凉，很多人说过不到退潮的时候不知道谁在裸泳，但是我相信在座各位跟我们一样也都是在逆行，没有裸泳，这是我非常高兴的地方。

我想说的是我们祥源是怎样逆行的。我们企业成立 28 年了，2008 年开始触电文旅，从那之后就一发不可收拾，到目前为止在旅游重投已经超过 150 个亿，所以说也可能是因为我们进行了很多的实践，才有可能得到一丁点儿的收获或者是心得。

我想我们是一个文旅目的地的建造者，那这个文旅目的地建造者我想是两块。首先我们要做的肯定是休闲度假，作为休闲度假来讲，第一要拿下好的旅游目的地，要有硬的投入。但是，拿下目的地不等于成功了，肯定还要赋能，我得有好的产品、好的 IP、好的创新，把休闲度假业态能够打造出来，某种意义上后者可能比前者还要难，所以说这些年来我们祥源控股集团每年都要拿出全年的 2% 的利润来进行创新的实践，或者是创新的探索。

应该说，星球花园这么一个产品，就是 2% 的一种体现或者是得到了一定认可的一种新的产品。这个园子，因为特别热爱多肉或者说热爱植物、热爱花园的一位网红而被人们所熟知。他网名叫作二木，大家如果感兴趣可以搜索一下，他的粉丝流量高达 200 多万。就是这样一个网红，在祥源感召下或者他认为这个平台值得投入，便来到了我们集团。本来是一个很英俊的小伙子，结果一夏天下来，他的皮肤晒得跟非洲人差不多，就弄一个园子。星球花园今年 5 月 1 日开园了，就在我们合肥的肥西，大家可能对这个地方不是太熟悉，我也诚挚地邀请大家可以去看一看。占地 185 亩，投资大概 1 个亿，投成之后集美术馆、博物馆、自然研学基地，还有我们一系列的植物形态为一体，包括化石为一体的多元的园子。园子并不大，但是很精致。它吸纳了世界上许多好的花园的特色，包括在这里吃一个小火锅，在这里搞一个营地……是非常热门的小园了。

当然，我现在要说的是，到目前为止，这是我们一个比较大胆或者伟大的实践，但是并没有获得伟大的成果。要获得成果，要获得好的商业模式，以及它的复制、粘贴以及它的扩张，肯定还有很多的路要走。在这一点上，我们肯定还要付出更大的努力。但是我们也欣喜地看到我们这个园子接下来很有可能会在天津，在长沙落地，同时也有很多的地方看重我们这个创新的产品，也希望让我们轻资产地投入。今天，我站在这个台子上向大家推荐我们的祥源，推荐我们的星球花园，希望各位同仁跟我们合作把这个星球花园的产品打造得越来越好。谢谢！

主持人：小时候，劝学诗告诉我们“书中自有黄金屋”“书中自有颜如玉”。长大以后才明白，原来，颜如玉和黄金屋只能在书上，但小红帽、白雪公主、灰姑娘，却可以来到我们身旁。有请中环格林童话世界创新项目代表阜阳市委常委、临泉县委书记邓真晓先生。

邓真晓：尊敬的戴斌院长，各位领导、朋友们，大家好！

非常荣幸能有机会参加此次活动，非常感谢各位专家、领导对中环格林童话世界入选全国文化和旅游融合发展十大创新项目的亲切关怀和指导。在此，我谨代表230万临泉人民向各位专家、领导表达最诚挚的感谢。

临泉位于皖西北，有230万人，是全国人口第一大县；是周文王第十子聃季载的封地，古称沈国；是兵家鼻祖姜子牙的故乡，世称姜尚故里。以临泉为中心，半径100公里内生活着3000多万人。富裕起来的人民对休闲度假等美好生活充满向往，我们以此为奋斗目标，坚持以文塑旅、以旅彰文，充分挖掘临泉文化资源优势，推动文旅融合发展，努力打造中原旅游目的地。

中环格林童话世界分花海奇行、丛林冒险、秘境仙踪、渔夫沙滩、魔法庄园五大主题功能区，通过“文化与科技”融合，采用声光电多媒体技术，把书本里的梦幻场景装进缤纷生活；通过“文化与娱乐”融合，使简单机械式娱乐转变为沉浸式娱乐，使游客在享受惊险刺激的同时，接受文化的熏陶和洗礼；通过“文化与体验”融合，以互动式、情景式模拟导入，让游客在游玩中深入参与童话里的故事；通过“文化与研学”融合，让小朋友们与文化、科技亲密接触，在寓教于乐中学习探索。今年10月1日开园运营以来，已累计接待游客30多万，成为皖豫边界的旅游热点、临泉的网红打卡之地。同时，我们还积极推进姜子牙文化与旅游融合，打造了封神魔幻谷和钓鱼小镇；推进杂技艺术文化与旅游融合，打造了长官杂技小镇；推进红色文化与旅游融合，打造了刘邓大军千里跃进大别山纪念馆等一批爱国主义教育基地，不断丰富旅游新业态、新产品和新玩法。

在这里，我真诚邀请各位领导、各位专家和朋友们到临泉走一走、看一看，品尝美食、品鉴文化、品味人生。谢谢大家！

主持人：旅游是让人幸福的产业，但是刚才祥源的周总也说了，今年是透心凉。其实，做旅游的人，做旅游产品的人，经常是一身汗水，一身泥水。今年，更是和了一些泪水。无问西东，一路有戏，一路有你！有请建业华谊兄弟电影小镇代表建业不动产集团副总裁兼文旅公司总经理闵闵女士。

闵闵：非常感谢中国旅游研究院！今天很荣幸，建业电影小镇能获得“创新项目”这样一个称号。对于我们团队来说，是一个惊喜，也是对团队四年来没日没夜埋头苦干、潜心创作的一个肯定。

一直以来，建业集团以“丰富人们文化生活，提升城市文化品格”为初衷，以“发挥文化资源优势，奋力构筑全国重要文化高地”为使命，自主开发建设并独立运营建业·华谊兄弟电影小镇。项目总规划600亩，计划总投资45亿元。

电影小镇的总构想从中原文化出发，筛选本土文化作为最强IP，挖掘、保护、传承中原非遗民俗、城市百年记忆、黄河文化故事，通过复建历史街区、年代建筑、逼真场景，让中原文化以生动鲜活的方式走进万千游客的视野，让游客在玩演吃住购的旅游体验中触摸文化、感受文明。

在建业电影小镇，我们的明星产品大型沉浸式夜游演艺——《一路有戏》，实现了三大创新：一是打破了传统演艺中演员与观众的界限——游客换装走入剧情，既是观众也是演员；二是创新观演形式——改变或坐或站的固定观演形式，游客边走边看，线路不同观演内容不同；三是打破传统表演舞台边界——无处不演艺，整个园区就是一个大舞台。剧目通过创新的打造手法与现代科技手段结合，为游客呈现出美轮美奂的视觉效果与独特的互动体验，面世即深受游客好评，迅速蹿红成为传播热点，市场反响十分热烈。

在文化和旅游融合发展的道路上，若想一个文旅项目始终立于市场的潮头，就离不开持续不断的创新。尤其是伴随着Z时代的到来，90后、00后成为消费主力军，文旅项目需要不断迭代升级，所以创新提升也必将成为我们的必修课。唯创新者进，唯创新者强，唯创新者胜。建业集团将不断开拓创新，和行业同仁共同推进我国旅游产业的发展。最后借诗人刘禹锡的两句诗与大家分享：晴空一鹤排云上，便引诗情到碧霄。

主持人：接下来的这个项目非常完美地呼应了闵总引用的这首诗。2020年，是英雄的武汉、英雄的武汉人民，载入史册的一年。英雄，最为让人敬仰的，不只是危难时刻的勇敢担当和大义凛然，更有历尽苦难之后，依然热爱生活的痴心不改和如花笑颜。英雄的武汉，英雄的武汉人民，值得更美好的生活！这段话也送给不改初心的产业界旅游人，因为我们知道，感同身受远远不等于身受。谢谢你们的不灭的信心和努力！谢谢！有请“夜上黄鹤楼”创新项目代表——良业科技集团股份有限公司董事长助理冯小笛先生。

冯小笛：首先，很荣幸“夜上黄鹤楼”项目获得文化和旅游融合创新发展十大项目称号！感谢中国旅游研究院以及广大的市民游客对“夜上黄鹤楼”项目的认可。感谢我们的合作方武汉旅游体育集团提供了黄鹤楼这么好的资源，供我们进行创作！

“夜上黄鹤楼”项目自国庆“黄金周”公演以来，几乎场场一票难求。游客满意度达91%。从目前的市场反馈以及市民游客的反应来看，这个项目是成功的。我想这个项目的成功主要可能有以下几点原因：

首先，黄鹤楼本身就是一个大IP，历史文化典故众多，像辛氏沽酒、李白题诗、岳飞点兵、仙子起舞以及黄鹤楼变迁等。我们通过光影的手法，把这些故事讲述出来，实际上是锦上添花的效果。这也启发我们，黄鹤楼可以做夜间旅游，岳阳楼、滕王阁、蓬莱阁也可以开发夜间旅游产品。

其次，“夜上黄鹤楼”很好地实现了文化、科技、旅游的融合。文化是基地、科技是手段、旅游体验是目的。文化刚才讲到了，黄鹤楼资源很厚重。光影科技的加入，突破了传统演艺的瓶颈。整个沉浸式演出，只有16个演员参与，大大降低了运营成本。另外，科技的加入，为后期的迭代升级创造了便利条件。

最后，实际上与这个项目推出的时间节点有关。我们在疫情稳定后的国庆“黄金周”推出这台节目，目的是呼应武汉这座英雄城市的回归，宣示中国抗疫取得了阶段性胜利。在全球疫情大背景下，具有特殊的政治和外交意义。事实也证明了这一点，黄鹤楼景区夜间游客爆满的场景被CNN等国际知名媒体报道，成为国际性话题，也成为英雄之城疫后强劲恢复的最佳写照，成为中国抗疫成功的生动注脚。

以上就是我的几点体会。谢谢大家！

主持人：“万丈红尘最温暖，旅游是生活的温暖，更是向上的力量”，这是戴斌院长一直强调的旅游发展理念之一。那么，讲完那么多人的故事，再来看看可爱的小阿狸如何温暖了我们的生活。有请“夜夜夜阿狸”主题夜游创新项目代表——融创文旅集团战略管理部总经理周子依女士。

周子依：感谢各位！

“夜夜夜阿狸”是我们今年下了很大精力去做的“夜游+IP实景化”的全新尝试。也是首次这么大规模、全业态地将IP作为策动核心，贯穿到全城的消费场景当中。我们用“夜夜夜阿狸”塑造了全新的夜游体验场景，兑现了年初提出的“总有欢乐暖中国·欢乐无夜”的主题品牌承诺。

在重庆融创文旅城开业当天，我们以十城联动的方式，覆盖全国，共同启幕了这场欢乐盛宴。我们想借助这次“内容+场景”的创新模式，进一步深耕项目的“一城一色”，用“主题IP+本土文化”来赋能新消费场景的创建，为每个城市开启全新的休闲生活方式。

在重庆文旅城，我们把阿狸的主题形象、故事线和当地的巴蜀文化、民俗特色结合在一起，让渝乐小镇、融创茂、水雪海世界、酒店群这些基础的业态场景更有形象、更有内容，让主题性更突出，形成一站式的特色潮玩目的地。开业的首个周末，就迎来了40万人次的客流，这和内容赋能、夜游赋能的创新动作是密不可分的。

我们还引入了更多的跨界主题活动，比如阿狸浪音派对、阿狸Yeah雪派对、阿狸海洋夜潜等，在每个业态里我们都设计了能够让游客充分参与、充分收获惊喜的互动体验活动。

“夜夜夜阿狸”是我们携手融创文化集团打造IP实景化的一次成功尝试，未来除了文化集团丰富的影视、动漫、综艺IP资源以外，我们还会发挥自有IP的优势，比如利用我们的九大俱乐部体系、滑雪学校、竞技队、融乐星研学等，为用户提供更多更好的创新产品体验。谢谢！

主持人：现在我们进入“2020年文旅融合发展创新项目提名”环节。不瞒大家说，在会议之前好多嘉宾问我：我们这个研究成果分为“十大创新项目”和“十大创新项目提名”，有什么区别？我代表课题组长话短说，改一句歌词来回答大家：“长江，长城，黄山，黄河，在我心中一样重！”现在我来宣布提名单位（不分先后，以行政区划为准）：北京乐高探索中心（北京）、春秋微旅游（上海）、上海外滩星空艺术馆（上海）、中华恐龙园（江苏常州）、安吉帐篷客·溪龙茶谷度假酒店（浙江湖州）、珠海星乐度横琴露营小镇（广东珠海）、顺德华侨城欢乐海岸PLUS（广东佛山）、台儿庄古城（山东枣庄）、《丝路之声》主题音乐剧（陕西西安）、数字敦煌（甘肃敦煌）。

表 4–1　2020 文旅融合创新项目

序号	单位名称	项目名称
1	中国旅游集团旅行服务有限公司	2020“故宫以东，一见如故”旅游产品（北京）
2	智游（北京）儿童乐园有限公司	洛宝贝成长乐园（北京）
3	山西省文化旅游投资控股集团有限公司	山西文旅数字体验馆（山西太原）
4	南京旅游集团	南京喜事（江苏南京）
5	无锡拈花湾文化投资发展有限公司	无锡拈花湾（江苏无锡）
6	祥源控股集团有限责任公司	祥源·星球花园（安徽合肥）
7	安徽中环控股集团有限公司	中环格林童话世界（安徽阜阳）
8	建业住宅集团（中国）有限公司	建业华谊兄弟电影小镇（河南郑州）
9	良业科技集团股份有限公司	夜上黄鹤楼（湖北武汉）
10	融创文旅集团	“夜夜夜阿狸”主题夜游

表 4–2　2020 文旅融合创新项目提名

序号	单位名称	项目名称
1	默林室内儿童乐园（上海）有限公司北京朝阳区分公司	北京乐高探索中心（北京）
2	上海春秋国际旅行社（集团）有限公司	春秋微旅游（上海）
3	厦门瞳艺文化传媒有限公司	上海外滩星空艺术馆（上海）
4	恐龙园文化旅游集团股份有限公司	中华恐龙园（江苏常州）
5	浙江安吉帐篷客度假酒店有限公司	安吉帐篷客·溪龙茶谷度假酒店（浙江湖州）
6	珠海大横琴泛旅游发展有限公司	珠海星乐度横琴露营小镇（广东珠海）
7	广东顺德华侨城实业发展有限公司	顺德华侨城欢乐海岸 PLUS（广东佛山）
8	山东台儿庄古城旅游集团有限公司	台儿庄古城（山东枣庄）
9	陕西旅游集团有限公司	《丝路之声》主题音乐剧（陕西西安）
10	敦煌研究院	数字敦煌（甘肃敦煌）

二、2021年文化和旅游融合创新项目研究

2021年12月11日，由中国旅游研究院主办，山西文旅集团、携程集团、杭州市运河集团、南京旅游集团、岭南商旅集团联合主办的研究成果发布会在线上召开。中国旅游研究院产业所战冬梅博士代表课题组，发布了“2021文旅融合创新项目”研究成果，现将项目解读与项目代表发言全文转载如下。

主持人：各位领导，各位嘉宾，大家下午好！很高兴代表中国旅游研究院课题组发布“2021文旅融合创新项目”研究成果。这份结果出来以后，满眼的人间烟火，正如我们戴斌院长一再指出的，旅游的发展理念就是要回归日常生活。这一年来，我们旅游人不只是活着，我们是在生活，是在用心提供更美好的生活。

主持人：发布第一个项目前，我想跟大家话痨几句，因为2021年，一个全国人民都喜欢的话痨横空出世，屡次登顶热搜。这个话痨的项目，极大地提振了行业信心，提升了疫情期间旅游发展的信心，也带来了文化与旅游融合的新气象。有请连线北京环球度假区创新项目代表——北京国际度假区有限公司高级政府事务总监许利平先生。

许利平：北京国际度假区公司是首旅集团旗下的中美合资公司，负责北京环球度假区的建设与运营管理。北京环球项目从筹建到投入运营，已经过了20个年头。2001年10月，市政府与环球签署意向书，项目筹备启动。2013年，国务院批准了项目建设意向；2014年，经国务院同意并由国家发改委批复了立项手续；2015年，中美双方签署了《合资协议》；2018年8月，一期工程开工建设；2021年1月竣工验收，移交运营。今年9月，一期项目正式投入运营。20年来，中美团队通力合作，一路披荆斩棘，突破了政策障碍与文化差异，突破了传统合作模式、技术壁垒、规范限制等诸多难题，最终按期完成建设，可

以说这个项目凝聚了无数参与者的心血和汗水。

以打造国际一流的主题公园和度假区为目标，北京环球度假区始终坚持“环球标准”与“环球品质”，践行“中国服务”的品质精神，着力为宾客带来卓越非凡的度假体验，为全球娱乐及主题公园行业树立崭新的管理运营标准。下一步，北京环球项目也将继续深耕副中心，谋划后续项目建设，在度假区周围实现更多文化旅游产业的导入，承载环球项目溢出效应，逐步为首都城市副中心、京津冀地区带来更大的经济效益和良好的社会效益，打造北京文旅行业的新地标、新名片。再次感谢中国旅游研究院各位专家对北京环球度假区项目的肯定。谢谢！

主持人：从疫情发生，到现在的常态化抗疫，无数人好奇，我们中国人怎么生活。我的回答是：很简单，我们一边打疫苗，一边放烟花，这是我们中国人的烟火。有请连线上海迪士尼度假区创新项目代表——上海迪士尼度假区政府事务与社区关系副总裁王燕女士。

王燕：谢谢！非常感谢中国旅游研究院、中国旅游协会和各主办单位，上海迪士尼度假区非常荣幸获得“2021 文旅融合创新项目”称号。

上海迪士尼度假区自2016年开园以来，在各级政府的关心、指导和支持下，总体运营平稳顺利，游客满意度持续高涨，为中国旅游产业特别是上海及长三角地区的经济和社会发展发挥了良好的推动作用。我们认真践行企业社会责任，始终秉持传播快乐、友善、分享的理念，通过迪士尼沉浸式故事讲述，以乐观、向上的精神为千家万户带来积极的影响和改变。

自疫情发生以来，上海迪士尼度假区积极响应政府各项疫情防控要求，对园区以及所有游客和演职人员进行精细化管理。在确保各项措施精准到位的前提下，始终注重游客优质的游园体验。

我们期待未来与业界伙伴携手，秉承“变革、创新与高质量发展”的精神，共同提振旅游业发展的信心，为文旅融合、可持续发展，发挥积极的作用。谢谢大家！

主持人：建筑不只是钢筋水泥，建筑还是可阅读的，建筑也是可游走的，建筑更可以是扑面而来又润物无声的文化。有请连线“建筑可阅读”专线车创新项目代表——上海春秋国际旅行社（集团）有限公司蜻蜓观光巴士有限公司常务副总经理王露女士。

王露：春秋集团在上海市文化和旅游局指导下，利用自身“都市观光”巴士资源，结合“建筑可阅读·城市微旅行”的主题，围绕上海特色建筑（群），打造了“观光巴士＋微旅行”新型都市旅游方式——建筑可阅读专线车。

专线车全程22公里，大约行驶80分钟，共设五卅运动纪念碑站、外滩外白渡桥站、金陵东路码头站、豫园城隍庙站以及东方明珠站5个站点，全程涉及上海特色建筑（群）30多栋。车身以蓝色为主色调并印有“建筑可阅读·城市微旅行”字样及“建筑可阅读”专属LOGO，主题醒目、特色鲜明。

专线车通过LBS动态定位技术，让游客“车上语音讲解、下车导游讲解”多角度、多方位地聆听建筑背后的故事，感受上海三大文化品牌：红色文化、海派文化、江南文化。通过手机小程序实现“随身移动讲解”；同时每个站点均配有优秀导游员，为游客提供30分钟左右站点附近建筑的微旅行服务讲解，采用“双讲解服务”，为游客提供“手机随时听、站点深体验”的多维度的特色服务模式。2021年9月17日正式投入运营，受到市场的高度欢迎，不仅是上海市民积极参与体验，更有很多网红、博主自动乘车打卡，尤其受到亲子研学群体的欢迎。涉及旅游的主流媒体、自媒体曾多次主动宣传报道，获得了市场、媒体、行业和政府的高度肯定。

主持人：民以食为天，食不厌精脍不厌细。从世俗到高雅，从民间到庙堂，从过去到现在，从国内到海外，能把我们中国人串在一起的，始终是那一道又一道色香味俱全的中国菜，这是我们永不消逝的情怀。有请连线中国大酒店：消失的名菜创新项目代表——中国大酒店董事长、党委书记、总经理陈瑞明女士。

陈瑞明：尊敬的各位领导、同仁，大家好！首先我代表中国大酒店感谢中国旅游研究院，十分荣幸获得“2021 十大文旅融合创新项目”！同时也衷心感谢与我们携手研发“消失的名菜”的广州博物馆团队。

2021 年是中国共产党成立 100 周年，也是“十四五”开局之年。在岭南商旅集团带领下，我们主动求变，顺应文旅融合大趋势，深挖文化内涵。我们深知“食在广州”是一张城市名片，也是一份乡愁的寄托，传统粤菜精髓对广府饮食文化传承与发展十分重要。“消失的名菜”由此诞生。它以活化城市记忆为目标，从博物馆百年馆藏的民国粤菜经典菜单汲取灵感，集结广府餐饮专家及岭南酒店研发力量，打造创新餐饮体验。

2020 年，在广州镇海楼举办的“消失的名菜”首发仪式，高度还原了传统粤筵内涵，多维度打造沉浸式岭南美食视听盛宴。今年，我们继续深耕“消失的名菜”第二季，侧重展现传统粤菜中业已失传的烹饪工艺以及其中蕴含的匠人精神和吉祥寓意。此外，我们将“消失的”主题延伸到节令食品，复原百年古月饼配方，融合广州博物馆文物设计及非遗广东音乐，重新演绎现代审美下的“新国潮”月饼礼盒，使之成为深受市民喜爱的爆款。

让失传的美食回归公众视野，对酒店业打造高品质文旅产品及服务意义重大。未来，中国大酒店将进一步推动与博物馆等机构的深度合作，提升文化内涵的“厚度”、深耕文旅产品的“质感”、增强文博旅游的“宽度”，用“文化 + 旅游 + 美食”模式为广大市民提供全新消费场景和生活体验，让时间的记忆在酒店的空间中得到新生，让“消失的文化与美食”不再消失，为广州实现老城市新活力及城市文化建设新出彩助力贡献力量。

主持人：艺术是发扬生命的，死神所在的地方就没有艺术。疫情期间，乍然的悲喜，让我们普通人更渴望从艺术的永恒角度，来认识我们自己，认识我们所处的世界，这是我们每一个人内心的艺术场。我们来看看艺术又是如何赋予一座城市以新生命和新活力，开创文旅融合的新境界的。有请四季艺术汇创新项目代表——四季文旅创始人、董事长金健先生。

金健：佛山四季艺术汇，以“艺术属于人民”作为核心价值观。项目充分体现了文化与旅游的创新融合发展，既有馆藏达8000余件、展厅面积过万平方米的大型美术馆、艺术培训与创作基地，还有实验音乐空间、艺术酒店、生活商业、艺术园林。佛山四季艺术汇做了大量艺术的跨界融合创新与业态融合创新。

在此我感谢佛山市禅城区南庄政府，能为艺术汇在寸土寸金的城市中心提供大面积空间，并且服务高效。企业5亿投资的城市文旅投资项目，居然实现了当年启动当年开业，体现了湾区的优质营商环境。

感谢文化和旅游部与行业同仁，对于艺术汇这样的创新业态给予的关注与支持！在经济超发达地区，四季文旅希望促进人、城、产、文有机融合，实现“北有宋庄，南有南庄”的文化梦想。谢谢大家！

主持人：中国人的坚韧举世无双，我们始终相信，有人在，就有希望，我们的儿童更是冉冉升起的太阳，把我们的人留住，为我们的儿童提供更美好的生活和服务。在疫情常态化下，中旅集团入境游部门推出的童伴童行项目，在取得良好社会口碑的同时，也为市场的重振留住了极其宝贵的人力资源，为业界提供了大型旅游集团入境旅游转向国内旅游，探索新时期的研学旅游，提供了全新的可资借鉴的经验。有请连线童伴童行-中旅亲子游创新项目代表——中国旅游集团旅行服务有限公司入境游部亲子游项目负责人刘红石女士。

刘红石：尊敬的戴斌院长，尊敬的各位领导，各位嘉宾，大家好！今天我非常荣幸能够代表中旅旅行入境部亲子游项目组参加 2021 中国旅游集团化发展论坛。同时我也非常荣幸我们的童伴童行–中旅亲子游项目能入选中国旅游研究院“2021 十大文旅融合创新项目”。在此，向各位专家评审表示深深的感谢和敬意！

2020 年的新冠疫情导致入境业务陷入停滞。响应中国旅游集团转型国内游的决策，入境游全部门全部转向不熟悉的国内市场。我们经过政策和市场的充分调研，成立了中旅亲子游项目，突出重体验、主题化、课程化的指导思想，把具有鲜明文旅融合特色的亲子产品率先推向国内市场，并与东城区故宫以东项目紧密合作，利用政府文旅融合的平台和机遇，迅速打开市场。我们的产品高频，短途，内容丰富多彩，参与性强，得到了家长和小朋友的一致好评，多次被媒体报道并在北京电视台黄金时段播出。目前，童伴童行–中旅亲子游项目已在全国推出自有原创产品 60 多条，这些产品针对亲子游产品的多元化、专业化需求，从父母便捷性、孩子喜好度、内容适应性、教育体验性等多维角度进行考虑，提升多样化、精细化程度，满足更多家庭和学校机构的需求。

2021 年 9 月，中旅亲子游的童伴童行项目获得中旅旅行内部创业大赛一等奖。11 月 24 日，中旅亲子游及研学旅行服务项目在“2022 年北京文旅重点项目投融资推介会”上成功入选 2022 年北京文旅投融资重点项目。

作为中国旅游第一大央企，我们深深意识到我们肩负的社会责任，未来我们将不忘初心，砥砺前行，为中国青少年提供越来越多有意义有营养的弘扬中国文化、放眼世界的优秀文旅教育产品。

最后，我再次代表中旅旅行入境游部和我们亲子游项目团队对中国旅游研究院表示深深地感谢。我也借此机会感谢中旅旅行公司领导和入境总部领导，给予我的信任及业务发展空间。我感谢中旅亲子游项目组每一位同事，没有他们的鼎力支持和聪明智慧，我们不会有这么好的发展。我更加感谢多年来支持和信任我们的家长们，没有他们，我们的产品不会跟着孩子们的成长而成长。预祝各位同行在2022年克服一切困难，努力变革，创新，高质量地发展壮大。

主持人：听惯了北京的古老，游遍了北京的沧桑，再看看国际性的主题公园运营商，如何以国际汉学的视角讲述我们北京城的繁华记忆和现世太平，又如何做到让我们足不出京，游遍北京。有请连线大城小像“历史学家的宝藏”亲子互动创新项目代表——默林娱乐集团北京分公司市场部经理孙婷婷女士。

孙婷婷：首先，我谨代表默林娱乐集团北京分公司以及总经理王锐女士，感谢中国旅游研究院和项目组委会成员，对大城小像“历史学家的宝藏”创新项目的肯定。大城小像是默林娱乐旗下的亚洲首家全新交互式微缩体验馆，以北京名胜景观为主体，利用现代声光特效与多媒体交互技术，讲述北京从元、明、清、民国到现代大都市的变迁与传奇故事。

整个项目由中英团队联袂打造，项目团队与本土的历史文化学家、英国牛津大学汉学研究院学者一起，花费了大量时间查阅典籍，从文化考证到细节深究，力图能够还原出最真实的历史和时代风貌，让北京亲子家庭在足不出京的情况下，沉浸式感受北京千年文化。

默林娱乐也将秉承着发扬传统文化的宗旨，把创新玩法融入文化传播，继续为北京旅游市场贡献更多更好的产品。在此也衷心地希望未来有更多机会能够和各位旅业伙伴有深度的合作，再次感谢大家，谢谢！

主持人：人人尽说江南好，游人只合江南老。国家文化公园建设过程中，杭州段大运河再现“春水碧于天，画船听雨眠”的胜境，为我们展现了静静运河水里流淌的现世美好。有请大运河（杭州段）水岸互动文旅融合提升创新项目代表——杭州市运河集团副总经理沈杨根先生。

沈杨根：谢谢战博士，感谢中国旅游研究院把这个荣誉给予杭州市运河集团。集团是杭州运河综保工程和大运河国家文化公园杭州段建设主体，一直以来认真贯彻落实习近平总书记对大运河“保护好、传承好、利用好”的重要指示精神，形成了以三大历史街区、四大文化园区为代表的大运河休闲文化长廊。2012 年大运河杭州段成为中国大运河首个 4A 级景区。2014 年，中国大运河成功列入《世界遗产名录》。

为进一步擦亮大运河这张“金名片”，今年以来，运河集团启动大运河杭州段的综合提升项目，计划明年亚运会前全面完成、精彩亮相。项目以“最江南、忆杭州”为定位，以“文旅融合、水岸互动”为理念，通过“大思路、微更新、小切口”的手法，重点对大运河两岸建筑景观、文化呈现、夜景亮灯、文旅业态等方面进行全面提升，从而推进大运河杭州段文化遗存保护和文旅融合发展。目前，项目已经全面完成设计工作，接下来将进入实施阶段。在此，也诚挚邀请各位领导专家、兄弟集团，在疫情后春暖花开之际莅临杭州运河交流指导！最后，再次感谢大家给予杭州市运河集团的关注和支持，谢谢！

主持人：历史与现代，科技与文化，视觉与想象，现实与梦幻，戏剧与生活，历经数年，潜心打磨，只为梦想，只有河南。有请连线“只有河南·戏剧幻城”创新项目代表——建业新生活集团助理总裁建业文旅运营公司总经理姚培女士。

姚培：感谢中国旅游研究院、中国旅游协会对“只有河南·戏剧幻城”这个新项目的肯定，也非常荣幸“只有河南”在文旅融合方面的尝试获得最权威的认可。“只有河南”是根植河南 29 年的建业集团联袂王潮歌导演，历时 4 年共同创作的一部创新文化作品，是一座有 21 个剧场的戏剧幻城。有着总时长近 700 分钟不重复的剧目，近千名演员，可同时容纳上万名观众，也是目前世界规模最大、演出时长最长的戏剧聚落群。“只有河南”是国内第一次将高雅、严肃的戏剧艺术形式作为“被消费主体”，戏剧第一次成为游客旅行的目的，而不是作为景区配套。

大家知道郑州并不是旅游目的地城市，这也是国内少见的在“非目的地城市开发目的地产品”。这是一次文旅融合的全新尝试，兼顾了社会价值、艺术价值、市场价值。目前“只有河南”客群范围辐射全国，其中客源中有 30% 是从外省专程来到河南，其中有不少是第一次来到河南，他们通过“只有河南”这个文旅项目，改变了对河南的印象。“只有河南·戏剧幻城”是中国文化产业非常漂亮的一笔，非常有诚意的一笔，非常艰难的一笔，也是有创造性的一笔。

最后，邀请大家来“只有河南”做客，来河南做客。如果您能在看过“只有河南”后，愿意再去看看二里头遗址，看看殷墟，看看开封、洛阳，我们将倍感荣幸。再次感谢主办方！

主持人：看完我们旅游人提供的这么多缤纷多彩的生活方式后，让我们看一个一站式满足我们所有愿望的项目——云南丽江复游城——将西方的度假理念与国人的度假需求和目的地建设相融合，探索出文化引领和国际管理相得益彰的国民度假新产品，度假不仅有 4S 还有 4F。有请连线一站式国际旅游休闲度假目的地-复游城创新项目代表——复星旅游文化集团丽江复游城项目联席总裁杨振宇先生。

杨振宇：尊敬的各位朋友、业界同仁，大家下午好！我是复星旅游文化集团丽江复游城项目的杨振宇。很荣幸我们的复游城创新项目入选文旅融合创新项目。中国旅游看“两南”，高端度假在云南。作为复星旅游文化集团全力打造的新一代休闲度假升级产品，复游城·丽江是复星旅文成功打造三亚·亚特兰蒂斯后的一个升级产品，是一个全年龄段、全场景、多业态、国际化的生活方式场所。

丽江复游城地中海国际度假区，北邻玉龙雪山，南临白沙古镇，周边村落林立，区域自然生态资源丰饶，旅游人文资源丰富。在项目地内，仰望雪山、林间呼吸、湖畔静谧、野趣盎然，1300亩的项目地中，我们充分尊重优越的先天自然环境，建筑和景观由自然中生长而出。正在建设的自然田园主题雪山秘境公园、文化艺术丰厚的麓美艺术小镇、国内领先的儿童研学营地、国际知名的Clubmed度假村与Casa Cook野奢酒店以及丰富产品线的度假屋五大板块，构成了一站式国际高品质旅居度假综合体。

今年10月，在共同富裕、乡村振兴的国家号召下，我们更进一步与丽江市政府、玉龙县政府合作，躬身进入白沙古镇、玉龙、新善村全域旅游、乡村振兴工作中，以丽江复游城为核心，展开保护性开发，兼顾在地化与国际化、原住民与新住民的共享、共生、共创，打造丽江旅游3.0产品——白沙全域旅游乡村振兴样本。我们的丽江复游城及白沙全域旅游区正在不断生长完善，在此诚挚邀请各位朋友到访丽江，体验属于我们中国的极致度假与艺术人生。

主持人：感谢“2021文旅融合创新项目”十位嘉宾的发言！下面我宣布“2021文旅融合创新项目提名”名单：建湖县旅游发展有限公司、盐城市大数据集团有限责任公司的淮剧传承发展工程，苏州拙政园管理处的拙政问雅，南京旅游集团的“长江传奇”滨江游轮项目，武汉革命博物馆，上海智杕控股有限公司的良壤西塘有机生活度假区，重庆市武隆区文化和旅游发展委员会的天生三桥，浙江省旅游投资集团的“诗画浙江·百县千碗”工程，济南舜耕山庄集团的鲁菜文化传承，桂林漓江千古情演艺发展有限公司的桂林千古情景区文化和旅游融合项目，景域驴妈妈集团有限公司的风旅阁目的地文创开发。

表 4-3　2021 文旅融合创新项目

序号	单位名称	项目名称
1	北京国际度假区有限公司	北京环球度假区（北京通州）
2	上海国际主题乐园有限公司	上海迪士尼度假区（上海浦东）
3	上海春秋国际旅行社（集团）有限公司	“建筑可阅读”专线车（上海长宁）
4	广州岭南商旅投资集团有限公司	中国大酒店：消失的名菜（广东广州）
5	广东四季文旅控股有限责任公司	四季艺术汇（广东佛山）
6	中国旅游集团旅行服务有限公司	童伴童行-中旅亲子游项目（北京东城）
7	杜莎夫人展览（北京）有限责任公司东城分公司	大城小像“历史学家的宝藏”亲子互动项目（北京东城）
8	杭州市运河集团	大运河（杭州段）水岸互动文旅融合提升项目（浙江杭州）
9	建业新生活文化旅游运营管理有限公司	只有河南·戏剧幻城（河南郑州）
10	复星旅游文化集团	一站式国际旅游休闲度假目的地-复游城（云南丽江）

表 4-4　2021 文旅融合创新项目提名

序号	单位名称	项目名称
1	建湖县旅游发展有限公司、盐城市大数据集团有限责任公司	淮剧传承发展工程
2	苏州拙政园管理处	拙政问雅（江苏苏州）
3	南京旅游集团	“长江传奇”滨江游轮项目（江苏南京）
4	武汉革命博物馆	武汉革命博物馆（湖北武汉）
5	上海智杕控股有限公司	良壤西塘有机生活度假区（浙江嘉兴）
6	重庆市武隆区文化和旅游发展委员会	天生三桥（重庆武隆）
7	浙江省旅游投资集团	“诗画浙江·百县千碗”工程（浙江）
8	济南舜耕山庄集团	鲁菜文化传承（山东济南舜耕山庄）

续表

序号	单位名称	项目名称
9	桂林漓江千古情演艺发展有限公司	桂林千古情景区文化和旅游融合项目（广西桂林）
10	景域驴妈妈集团有限公司	风旅阁目的地文创开发（上海嘉定）

三、文化和旅游融合创新项目案例分析："武汉 1927"沉浸式思政课项目

（一）项目主体

武汉革命博物馆位于武昌红巷13号，下辖武昌农民运动讲习所旧址纪念馆、毛泽东旧居纪念馆、中共五大会址纪念馆、陈潭秋烈士纪念馆、武昌起义门管理所、中国共产党纪律建设历史陈列馆，是征集、收藏、保护、研究武汉地区近现代文物、革命文物、党史文物和展示大革命史、中共党史及重大历史事件、重要历史人物的综合性博物馆，也是武汉地区红色景点最多、内涵最丰富、资源保护最早、知名度最高的红色旅游资源富集区。现为国家一级博物馆、全国重点文物保护单位、全国爱国主义教育示范基地、全国廉政教育基地、全国百个红色旅游经典景区、国家AAAA级旅游景区、全国文明单位、全国法治宣传教育基地、全国关心下一代党史国史教育基地。

武汉革命博物馆"红巷之声"志愿服务队成立于2008年，团队成员涵盖中小学生志愿者"红巷苗苗"、以在校大学生志愿者为主力的"红巷青马"以及以离退休社区志愿者为主力的"红巷爷爷""红巷奶奶"等，共计2000多人。武汉革命博物馆"红巷之声"志愿服务队始终秉承"奉献、友爱、互助、进步"的志愿精神，紧紧围绕让红色文化育人不断线的初心使命，致力于用年轻人喜

闻乐见的方式讲述百年大党的奋斗故事，赓续红色血脉，传递信仰的力量，现已成为湖北地区博物馆志愿者团队的知名品牌。

（二）项目缘起

为了进一步弘扬志愿服务精神，同时使党史学习教育更加鲜活生动，走“新”更走“心”，激发“红色动能”，武汉革命博物馆以沉浸体验理念为指导，携手武汉革命博物馆“红巷之声”志愿服务队，于2018年推出了湖北省首部博物馆沉浸式思政课“武汉1927”。该项目融政治性、知识性、趣味性、时代性于一体，立足观众主体地位，打破传统的讲解参观模式，开创性地将革命旧址、历史文物、震撼表演融为一体，通过沉浸式红色情景剧实地还原1927年大革命前后发生在武汉红巷、都府堤红街的革命故事，打造党史学习教育的实景舞台，让观众在多感官全息式沉浸式体验中感受红色记忆，在红色情境中感受党史的磅礴力量。

（三）项目概述

在内容上，“武汉1927”沉浸式思政课根据不同场馆分为《历史的回望》《都府堤41号》《庄严的宣誓》等不同内容，各成一体又相互融合。在形式上，以志愿者讲解员老师实地解读必要历史背景，志愿者演员角色扮演，共同通过讲、演、展等方式带领观众进入实景历史情境中，引领观众穿越历史的沧桑巨变，化身“农讲所学员”“五大代表”“革命同志”等，自发自觉地与“毛泽东”“董必武”“王荷波”等革命家一起，深刻感受革命的苦难辉煌，在全方位、立体式的深深共情中，体悟武汉英雄城市的时代内涵，接受理想信念教育的洗礼。

（四）创新亮点

营造实景环境，强化观众体验。项目中所有的表演，均是在实地实景中进行，在观众身边进行，可亲可感。纪念馆本身就是一种情境，立足情境本身，再辅以逼真的服装、道具等和自始至终强调的仪式感进行不断强化，使观众一进入其中就感受到强烈的视觉体验。观众进入武昌农讲所古色古香的庭院内，看到的是青砖灰瓦红柱，晚清学宫式建筑横向铺排在眼前，置身其中已然有了一种穿越历史的情境感。接着讲解老师开场白“学员们，欢迎大家来到农讲所学习，学习期间我要强调三条纪律”简明扼要导入情境，观众边听边发现院内由近及远身着军装的农讲所学员和不同服装的教员从眼前穿梭而过，有的在讨论课程，有的在读书，还有身着长衫的“毛泽东”与一位身着中山装的教员正在谈论着什么……而此时讲解老师也悄然退至观众群，引领着观众一起将视线集中在核心的演员身上，使观众不知不觉沉浸其中。

多元建构教学，强化观众主体。项目无论是在内容上还是在形式上，都秉承“以观众为中心”的建构教学理念进行设计，强化观众主体。所有的情节按照“大事不虚、小事不拘”的创作原则，充分考虑观众参与度，根据不同旧址史实量身定制，实人实事；课程打破传统的“你演我看”“你讲我听”单向输出模式，观众与角色零距离接触，完全融入历史场景中，成为历史事件的亲历者，化身当年的“农讲所学员”“革命同志”，自发自觉地与当年的“毛泽东”“李达”“王荷波”等革命家一起，与角色直接对话交流、同桌学习、情不自禁跟随角色高举右手大声重温誓词等；同时使用包括话剧、舞蹈、歌唱等多种有感染力的艺术样式，配合专业讲解员的现场讲解，感受革命的苦难辉煌。通过这种深入互动使党史教育入眼入耳入脑入心。

细分观众需求，进行菜单式教学。项目立足观众主体地位，把目标受众根据年龄段、工作、教育程度的不同特点进一步细化，采取分众教学形式，最大限度地满足各个受众群体的需要，构建多层次的教学方法因人施“讲”。面对华中师范大学教师团队时，讲解老师详细介绍了农讲所的办学理念和学生们参与教学的模式；面对学生团队时，讲解老师将重点演绎毛泽东、周以栗等革命先辈干革命的艰辛历程等。同时，该课程已形成一套完整规范的教学体系和传播体系，课程内容涵盖《历史的回望》《最后的团聚》《庄严的宣誓》等主题。博物馆针对各单位、各年龄段不同的特点，打造不同的活动主题，灵活调整课程内容，打造有特色的课程包。观众可根据自身特点、兴趣爱好和知识需求，选择不同的课程，形成菜单式教学体系。

创新传播方式，线上线下联动。项目启用线上直播与阵地活动结合的方式，打造党史教育共享平台。该项目在尊重历史的前提下吸纳时代元素，将最新的视听技术、表达形式融合进课程，创新革命旧址的呈现形式，突破时空限制，迎合了新时代移动端用户的观展需求。线上直播为红色文化传播提供了一种新的选择，让红色记忆变得更加鲜活。线上线下同步进行，课程具有可复制性，国家、省、市各媒体进行跟踪式宣传报道，好评如潮。

实施效果。“武汉 1927”沉浸式思政课自 2018 年正式上线以来，以其教育内容精、教育形式新、教育质量高、教育范围广，备受关注，广受好评，课约不断。目前，“武汉 1927”沉浸式思政课已累计开展线上线下活动百余场，观众达到 3000 余万人，新华社、人民网、学习强国、湖北电视台、《中国文物报》等各大媒体发布相关推送 400 余次，品牌影响力不断增强。

第五章

专题研究（一）：
中国主题公园发展研究

2021 年的景区业，在“革命红”与“冰雪白”的炫目中，还涌动着北京环球影城开业引发的热潮与思考。北京环球影城从开年来便成为媒体、业界以及政府关注的重点，一方面是由于环球影城的自带光环，另一方面是由于业界对北京环球影城开业是否会引发国内主题乐园格局改变的讨论。迪士尼开业五周年，游客一边打疫苗，一边看烟花的场景，也一再印证了国人对主题公园的热爱。疫情期间人们出不了远门，特别是出不了国，但是广大的人民群众追求美好生活，包括休闲生活、旅游消费的意愿从来就没有消失过。

撇开表面的浮躁与喧嚣，随着更多国外品牌进入中国主题公园市场，相关运营方需要运用商业智慧和政治头脑思考并处理好政府和市场的关系、西方主题公园与中国文化价值观的关系以及包括内聚和外溢在内的主题公园与所在城市的关系，为将来市场上出现的类似项目提供更好的范本与经验。而面对环球影城的开业，本土主题公园已经从 5 年前迪士尼开业前“狼来了”的慌张中，有了更为成熟的目光和考量，差距在缩小已是不容置疑的事实，但在核心的竞争力如文化、IP、技术、人才等方面，本土主题公园依然需要很长的一段时间去学习，去沉淀。

从 20 世纪 80 年代开始兴起到现在，中国主题公园产业经历了几次发展浪潮。经过从传统庙会、集市式游乐场到机械游乐场再到主题公园的过渡过程，数以千计的主题公园如雨后春笋般出现。近年来，随着我国进入大众旅游时代，经济发展方式转变，景区产品和产业体系更趋开放，产业化、专业化发展趋势更趋明显，主题公园、度假区、IP 文创（Intellectual Property，知识产权，对景区而言就是其独特识别物，如迪士尼、方特的卡通人物等）等不断涌现，主题公园已经成为一个跨行业、跨部门并融合先进科技、对区域经济具有强大带动的产业。海昌、长隆、华侨城、华强方特等本土主题公园的崛起伴随着迪士尼、环球影城、默林娱乐等国外知名主题公园的进入，中国逐渐成为主题公园产业大国，并有望成为世界最大的主题娱乐市场。与此同时，在市场一片火热的背景下，主题公园的开发、策划、运营等方面也暴露出诸多问题和不足，一些主题公园陷入盈利难、运营难等困境。

一、发展历程

（一）主题公园发展阶段划分

探索起步时期（1980—1990 年）。20 世纪 80 年代初期，一些简单的游乐场在经济较为发达的珠三角地区涌现。1982 年国内出现首家以机械游乐为主题的游乐园——中山“长江乐园”；20 世纪 80 年代末，以文学名著为主题的公园先后建成，如《红楼梦》拍摄基地北京大观园、《西游记》拍摄基地正定西游记宫等；1989 年国内首家真正意义上的主题公园“锦绣中华”在深圳建成。以锦绣中华、影视拍摄基地这样的微缩景区、人造景观公园为代表的主题公园，开启了中国主题公园产业发展的序幕。此后，中国主题公园产业在一片热潮中驶入发展快车道。

蓬勃发展时期（1991—2001 年）。20 世纪 90 年代到 21 世纪初，中国主题公园进入全面发展阶段，如中国民俗文化村、世界之窗、中央电视台无锡影视基地、欧洲城、三国城、水浒城、苏州乐园等大小和主题各异的主题公园先后建成。1996 年横店影视城和杭州宋城景区同时开业，1998 年深圳“欢乐谷”建成开园。以影视城、现代化游乐园为代表的主题乐园标志着中国主题公园进入一个新的发展时代。尤其是杭州宋城此后成功推出“千古情系列”，中国主题公园开始真正具备“主题 IP”，开始了 IP 品牌化发展之路。这一阶段，主题公园发展十分迅速，但同时凸显出主题重复、经营不善、收支不平衡等问题。

巩固发展时期（2002—2012 年）。进入 21 世纪，随着中国经济的快速发展，旅游业持续高速前进，主题公园建设迎来新的建设期。主题公园的开发不再盲目无序，从同质化竞争逐渐过渡到差异化、主题化建设轨道中。面对世界顶级主题公园的竞争，以华强方特乐园、深圳华侨城、宋城千古情为代表的本土型、现代化、主题文化型主题公园在国内市场崛起。这一阶段的主题公园，更加关注更新游乐设施，更加注重理念和产品的文化内涵创新，强调游乐和文化的融合，同时“IP”意识增强，成为中国主题公园产业的引领者。

品质发展时期（2013 年至今）。随着党的十八大提出全面建成小康社会，国民经济生活水平提升，旅游业转变发展方式进入消费升级新阶段，门票经济逐渐式微，文创、科技等要素在旅游中的渗透不断加强，如何打造体验感强、文化内涵丰富、科技含量高的主题公园成为行业发展的重点。这一阶段，中国主题公园行业进入发展的黄金时期，默林娱乐、迪士尼、环球影城等国际品牌主题公园先后进入国内市场，本土主题公园 IP 意识不断增强，提高二次消费成为主题公园转型升级的重要关注点，“全产业链 + 新科技 + 大 IP”的主题公园成为发展趋势，如海昌、长隆、华强方特等都借助较强的市场影响力获得大众的喜爱，并不断向国内其他地区输出品牌。在政策的鼓励支持下，主题公园产业迎来规模化投资主体，地产商陆续进入主题公园产业，如万达、恒大、融创等集团在城市商业综合体基础上，将室外主题公园、酒店住宿、演艺、商业娱乐融为一体，塑造新型文化旅游城，大型主题公园的规模化发展效应明显。

（二）主题公园系列政策

主题公园作为中国旅游产业的重要支柱，也是文化和旅游产业融合发展的重要连接点。在快速发展的行业浪潮中，主题公园建设发展过程中也出现了一些问题，在国家一系列政策指导与监管中，正在逐步走向规范化高质量发展之路。

2003 年，国家发改委出台《关于加强主题公园建设审批管理的通知》，规范主题公园建设标准和管理措施。

2009 年，国务院出台《文化产业振兴规划》，指出要重点发展文化创意、影视制作、广告、演艺娱乐、文化会展、数字内容和动漫等产业，加快建设具有自主知识产权、科技含量高、富有中国文化特色的主题公园。

2011 年，国家发改委、国土资源部、住房和城乡建设部联合下发《关于暂停新开工建设主题公园项目的通知》，进一步加强主题公园行业的监管，规范国内主题公园旅游市场，防止部分企业以主题公园开发名义开发商业房地产项目。

2012 年，国家发展改革委出台《关于规范主题公园发展的若干意见》，进一步加强监管，明确主题公园的范围与类型，进一步规范主题公园行业的发展。

2016 年，国务院印发《“十三五”旅游业发展规划》，提出将推广“景区 + 游乐”“景区 + 剧场”“景区 + 演艺”等景区娱乐模式；支持高科技旅游娱乐企业发展；有序引进国际主题游乐品牌，推动本土主题游乐企业集团化、国际化发展，提升主题公园的旅游功能。

2018 年，国家发展改革委等五部门出台《关于规范主题公园建设发展的指导意见》，从丰富文化内涵、提高科技含量、壮大市场主体三方面指出了主题公园转型升级质量提升的方向。

二、发展现状

头部集中，引领发展，量质双升，前景广阔。受益于旅游休闲市场的繁荣，主题公园在大众消费市场占据着越来越重要的位置，市场总体保持较好发展势头，游客量增长迅速。2021 年 9 月，主题娱乐协会（TEA）及 AECOM 联合发布《2020 全球主题乐园和博物馆报告》(以下简称《报告》)。与往年的报告不同，出于对疫情的考量，2020 年度报告前 25 名的主题乐园排名沿用了 2019 年的报告结果，同时根据预估排出了 2020 年的客流量。报告方表示，受疫情影响，2020 年的游客人次很大程度上受主题乐园开园日期及客流限制的影响，不能完全代表乐园本身的实际情况。报告预估 2020 年全球排名前 25 的主题乐园客流量平均减少 67.2%。预估 2020 年客流量排名中，上海迪士尼乐园位居第 2 名（2019 年为第 10 名），珠海长隆乐园第 4 名（2019 年为第 8 名），华侨城集团旗下北京欢乐谷第 8 名（2019 年为第 24 名），广州长隆欢乐世界第 16 名（2019 年为第 25 名），香港海洋公园第 20 名（2019 年为第 20 名），香港迪士尼乐园第 23 名（2019 年为第 21 名）。而华侨城集团旗下的北京欢乐谷成为受疫情影响最小的主题乐园，仅比 2019 年减少 23.4%，展现强劲的复苏趋势。国内主要文旅企业主题公园产品详见表 5-1。

截至 2020 年，我国主题公园主要建设商有华侨城、华强方特、长隆集团和上海迪士尼等。其中，华侨城、方特和长隆三足鼎立，分别占据市场 22.2%、19.9% 和 16.3% 的市场份额，共占据了近 60% 的市场份额；而上海迪士尼的份额相对较小，仅为 15.7%。详见图 5-1。

表 5-1　国内主要文旅企业主题公园产品

企业名称	市场布局	主要产品
华侨城	深圳、北京、上海、成都、武汉等	锦绣中华、中国民俗文化村、世界之窗、欢乐谷、东部华侨城等
宋城演艺	杭州、三亚、丽江等	杭州宋城景区、杭州欢乐园景区、杭州乐园、杭州浪浪浪水公园、烂苹果乐园景区、三亚宋城旅游区等
长隆集团	广州、珠海	长隆欢乐世界、长隆国际大马戏、香江野生动物世界、长隆水上乐园、广州鳄鱼公园等
海昌控股	大连、青岛、烟台、重庆、武汉等	大连老虎滩极地海洋世界、金石发现王国、青岛极地海洋世界、成都极地海洋世界、天津极地海洋世界、重庆加勒比海水公园、武汉极地海洋世界、大连老虎滩渔人码头、烟台渔人码头等
华强方特	芜湖、沈阳、青岛、郑州、株洲等	芜湖方特欢乐世界、芜湖方特梦幻王国、沈阳方特欢乐世界、青岛方特梦幻王国、株洲方特欢乐世界、郑州方特欢乐世界、泰安方特欢乐世界、汕头方特欢乐世界、重庆金源方特科幻公园、厦门方特梦幻王国、天津方特欢乐世界等
迪士尼	上海、香港	上海迪士尼、香港迪士尼
融创文旅	南昌、合肥、哈尔滨、青岛、广州、无锡、昆明、成都、重庆、西双版纳	融创西双版纳旅游度假区、合肥融创文旅城、南昌融创文旅城、哈尔滨融创文旅城、青岛东方影都、广州融创文旅城、无锡融创文旅城、昆明融创文旅城、重庆融创文旅城、成都融创文旅城

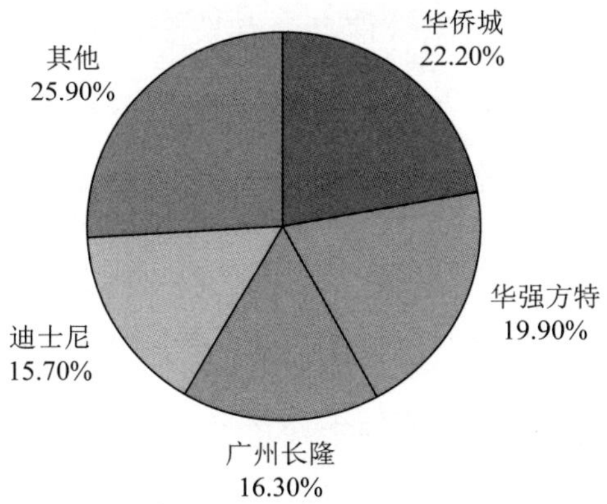

图 5-1　国内主题公园旅游市场主要企业市场份额

空间集聚，东部为主，中西部迎来机遇期。主题乐园选址尤为重视当地经济发展水平、人口密度、交通条件等因素。中国的主题乐园建设主要分布于经济较为发达且气候相对温和的华东与华南地区，东部沿海省市拥有全国一半的主题乐园。其中，华东地区主题公园数量占比大约30%，华南地区主题公园数量占比接近20%。中国本土知名主题公园主要集中在经济发达的一、二线城市和部分重点旅游城市，如华侨城旗下产业主要分布在北京、上海、深圳等一线城市。而沿海地区主题公园市场趋于饱和，且各类国际知名主题公园的落成也加剧了市场竞争，因此部分本土主题公园运营商开始转向中西部地区，如方特旗下乐园主要分布在郑州、芜湖、沈阳、青岛等二三线城市。

竞争激烈，不容乐观。部分主题公园盈利难，主要在于忽视了持续不断追踪游客心理需求的变化，文化内涵不够深刻，主题公园同质化严重，经营管理弱、市场推广和服务跟不上，文化核心竞争力不足。目前，国内投资额超5000万元的主题乐园大概有300家，约有70%的主题乐园处于亏损状态，20%勉强平衡盈亏，运营状况良好的主题乐园仅为10%。

谨防房地产化倾向。在早期发展过程中，囿于文化核心竞争力不足、IP不强等，部分主题公园与地产捆绑开发，项目涉及酒店、商业及住宅等多种业态。主题公园带来的人流、物流、信息流和资金流，拉动周边的房地产。同时由于主题公园盈利周期长，在国内文化创意产业还不成熟的时候，通过销售配套地产反哺主题公园。应当说，本土主题公园的成长，地产起的促进推动作用功不可没。但同时，“地产化”也是一把双刃剑，在反哺主题乐园的同时也会造成“假公园真地产”的行业乱象。2018年4月，国家发展改革委等五部门联合印发《关于规范主题乐园建设发展的指导意见》，提出要严控房地产倾向、防范“假公园真地产”。目前，我国主题公园发展越来越步入正轨，但在主题公园转向中西部地区的过程中，要谨防地方政府的“大项目冲动”再次走主题公园地产化的复制之路，应因地制宜，以文化和技术为双引擎，充分发挥后发优势。

三、机遇与挑战

（一）优势

个性化、品质化、体验化的消费需求旺盛。伴随旅游业从追求游客规模的粗放式发展向追求品质的集约式发展转型，旅游方式多元化、旅游需求多层次的现象越来越明显，游客更加追求高品质的旅游项目，也对主题公园产品主题、内容、品质提出了更高的要求。同时，受新冠疫情的深刻影响，各大主题公园普遍实行提前线上预约入园，无接触式购票、预约平台和流量监控等新技术措施在主题公园大大普及，科技的加持促使行业优化运营效率，使得中国主题公园有机会依靠科技实现“弯道超车”，更好地满足游客消费需求，增进公园软实力。

中华文化底蕴深厚、历史悠久，自然资源丰富。我国各地历史文化、人文风情、神话传说、文明遗址丰厚，江河湖海、地质奇观、森林湿地、冰川高山等自然资源丰富，历史文化与自然资源的丰度、广度、高度都无与伦比，为主题公园的开发提供了丰富的空间载体、文化依存和故事元素，也为主题公园的长远发展提供了充足的源泉。

（二）劣势

投资大，成本高，回收慢。主题公园开发在前期的土地、设备、人力、培训以及维护等方面需投入大量的资金，具有投资大、运营成本高、投资回收慢和人力需求大、维护消耗高等特点。初期建设投资与后期维护支出大，对主题公园的盈利提出较高要求。因此，一部分主题公园运营商会采取提高门票及景区内消的方式增加盈利，或者捆绑地产销售。一些背负巨额银行贷款的主题公园运营商，一旦遭遇市场风险、收益受限、没有持续的现金流，就会陷入经营困境。这也是在2020年的新冠疫情冲击下，一些中小型主题公园步履维艰的原因之一。

规模较小，模式单一，主题趋同。我国主题公园虽然数量多、类型多，但在前期发展过程中，一些社会资本进入主题公园市场，部分原因是看好主题公园对房地产等业务的推动，对主题公园本身的运营和发展缺乏必要的考量和前期研究。此外，以速度和数量为主要目标的粗放式发展，使中国主题公园在核心竞争力上也存在诸多不足。与国外主题公园市场成熟的国家相比，国内本土主题公园在资源开发效率、运营管理模式、附加值增值等方面还存在一定的差距，尤其是在龙头企业方面，本土主题公园企业与迪士尼、环球影城等国际主题公园运营商在企业规模、业务范围、全球布局、产品内容等方面还存在着明显的差距。同时，国内主题公园同质化问题比较严重，也造成了市场的激烈竞争，阻碍了主题公园的转型升级与可持续发展。

（三）机遇

人民对美好生活的需求。在全面完成小康社会脱贫攻坚战的任务后，满足人民日益增长的对美好生活的需要是各行业发展的前进方向，旅游和文化日益深入融合、旅游消费升级的新格局为主题公园的发展带来了新机遇。国民旅游市场在过去的15年中始终保持两位数增长，旅游加速走入更多老百姓的日常生活，成为人民群众生活水平提高的重要指标。国际经验表明：人均GDP超5000美元后，居民休闲娱乐需求持续爆发，主题公园有望直接受益，迎来较快发展机遇。从我国的情况来看，2011年，我国人均GDP已经超越5000美元，从而可以继续支撑我国居民未来十多年出游率的快速增长，也为主题公园迎来新的发展机遇奠定了扎实的经济和收入基础。

疫情引发新思考。经历疫情，数字文旅异军突起、逆势上扬，疫情促使主题公园自我审视与对标同行，并以创新驱动产业升级、催化业务转型与变革，主题公园行业韧性和生命力得到进一步展现，优秀的主题公园项目将参与到城市经济发展内循环中，成为打造都市美好生活的快乐基地，在新的市场背景下，发展潜力巨大。

政策红利持续释放。从主题公园行业步入全面发展阶段以来，政府大力支持以改善主题公园投资环境，为主题公园的选址、交通和配套设施提供便利，为主题公园发展带来机遇。2020 年以来，新冠肺炎疫情在全球加速蔓延，旅游业受影响较大，从国家到地方政府，都在积极探索和出台更多政策来支持文旅产业回归，政策红利持续覆盖和释放，如促进文旅和科技融合发展的政策、为主题公园企业减税并进行补贴等措施，也为主题公园持续发展营造了良好环境。

（四）挑战

更激烈的市场竞争。近年来，中国主题公园产业进入快速发展期，竞争愈发激烈。本土主题公园不仅要面对国内众多企业的市场竞争，还要面对来自实力雄厚的国际主题公园的市场竞争。上海迪士尼度假区凭借优质的品牌力和口碑效应，在开业一年之际即收回投资成本并打造了长效的盈利模式；北京环球影城凭借超强的国际知名度，刚开业即产生巨大的客流引力。缺乏核心 IP 与差异化品牌特色的国内众多主题公园，面对泛景区化发展趋势、同质化竞争以及国际企业的全面竞争，面临着品牌建设、市场开发和管理创新的一系列问题。

更高的消费需求。随着国内主题公园数量的增加，消费者不仅有了更大的选择空间，也对主题公园的品质与独特体验有了更高要求。交通的快速发展使得以时间为半径的客源市场大大扩张，如何以更优质的服务和更具沉浸感的体验吸引不同群体的游客、提高游客重游率、扩大市场吸引半径，仍是影响主题公园长期发展的重点。游客出游距离和市场结构的变化都对主题公园行业的发展提出了新的挑战。

四、发展趋势

泛产业整合功能加强。随着越来越多大型主题公园的蓬勃发展，国内主题公园行业从传统模式向多元化、综合化方向发展趋势越来越明显，主题公园运营商们已不再满足于传统的园区运营，而是逐步发展为以园区运营为依托，集文化创意、休闲娱乐、影视传媒等于一体的泛产业整合模式，把业绩的突破口转向主题公园 IP 深度运营和综合收益。一方面，围绕主题公园，不断发展周边餐饮、酒店住宿、房地产等产业链；另一方面，以园区运营为基础，向行业中上游延伸发展出策划设计、内容创作、动漫产品、文化衍生、游乐设备、运营管理等业务类型，强调轻资产输出，不断创新园区盈利模式。

投资量质并行。随着文旅结合步伐的加快、行业竞争日趋激烈，主题公园投资领域不断扩大、投资项目类型也越来越宽泛。一方面，投资主体日趋多元化，国有企业、民营资本、国际巨鳄纷纷进入主题公园领域，集团化、规模化发展趋势明显，主题公园项目类别、规模和内容更加多样；另一方面，大型主题公园投资从“公园 +X”的景区模式向全产业链的文旅城模式转变，文化和科技两大元素在主题公园高质量发展中的比重也将越来越重要，在高科技技术的基础上持续创新成为主题公园迈入新阶段的发展诉求。

市场下沉加速。随着一二线城市发展的日趋饱和与市场红利的逐渐消减，以拥有百万级人口的三四线城市为核心的下沉市场俨然成为商业战场的新热土。特别是随着经济增长与城镇化孕育新的城市群和经济增长极出现、交通网络不断完善，下沉市场表现出强劲的消费潜力。在三四线城市居民娱乐消费潜力不断释放，以及国内消费升级、“假日经济”和“夜游经济”崛起等积极因素的促进下，以华强方特、华侨城、宋城演艺为代表的文旅企业，纷纷用新项目落地不断诠释着下沉市场的无限前景，通过持续扩张，进一步扩大市场份额。

消费结构日趋多元。在国内旅游业从“门票经济”向“产业经济”转型发展的行业背景下，越来越多的主题公园谋求“二次转型”，从“一票制”到“开放式”园区发展，通过降低游客游览门槛，注重主客共享、打造城市公共空间、服务周边居民，平衡园区淡季客流，逐步降低对“门票经济”的依赖，不断开发餐饮、文创商品、服务、体验等独具吸引力的二次消费项目引流增收，加大与商业酒店、购物中心等综合体的捆绑，形成多元化盈利，实现集群和外溢效应。

持续强化IP。强IP以及强IP支撑下持续的丰富创新演绎和多元化产业链变现是决定主题公园持续成长的核心，进而可以支撑其持续拥有良好客源基础。从全球主题公园发展经验来看，创新IP是主题公园核心竞争力，优质IP有助于衍生品开发、延长游客停留时间、提高客单价等。未来，具备IP内容生产或收购能力、有成熟的线上线下渠道平台以延伸IP消费的主题公园更具成长价值。随着未来文化强国的建设，文化和旅游深入融合，本土化文旅IP表现出强大的价值潜力，追求故事性的主题公园运营商也逐渐重视对中国传统文化和地方文化的主题塑造，从本土文化、历史故事传说中不断汲取养分，在塑造主题、强化体验和促进二次消费等方面不断强化本土文旅IP的植入与产品开发。

大投入推动高壁垒，集群化显著。行业集中度逐步提升，品牌集群化日益显著。缺乏有效IP和良好盈利模式支撑的主题公园盈利尤其是持续盈利相对困难，优胜劣汰的背景下，主题公园龙头依托品牌和IP优势竞争力日益凸显，行业集中度逐步提升。结合TEA的主题公园报告，虽然每年的排名都会稍有变化，但仍有十几家主题公园连续10年进入全球TOP25排行榜。

第六章

专题研究（二）：十八大以来 5A 级旅游景区发展研究

旅游资源和景区是旅游业发展的先决条件和核心载体，也是最主要和最根本的旅游供给。我国是旅游资源大国，旅游资源和景区是重要的国际旅游竞争优势。就政府角度而言，从早期的旅游度假区、风景名胜区、森林公园到A级标准，从2009年《国务院关于加快发展旅游业的意见》到2013年颁布实施《旅游法》，再到2018年政府工作报告提出“将推进降低重点国有景区门票价格等工作”，以及从邓小平同志提出“黄山是发展旅游的好地方”到习近平总书记提出“绿水青山就是金山银山”的论断开始，旅游景区就一直是政府、旅游主管部门等关注旅游业的重点所在。学术界和教育界也把旅游景区、旅游饭店和旅行社视为旅游经济三大支柱产业。

1999年国家颁布《旅游区（点）质量等级的划分与评定》（GB/T 17775—1999），开启了国家5A级旅游景区评选准备工作。此后，国家5A级旅游景区评选先后经历了2003年对《旅游区（点）质量等级的划分与评定》的修订，到2004年修改、批准、公布，再到2005年1月《旅游景区质量等级的划分与评定》（GB/T 17775—2003）全面实施等系列过程。旅游景区的评定、管理越来越规范化、标准化、系统化。2006年国家旅游局在全国开展5A级旅游景区的评选工作，2007年北京故宫博物院、北京天坛公园、北京颐和园、北京八达岭长城等在内的首批66家5A级旅游景区通过验收。此后，国家5A级旅游景区开始进入常态化发展阶段，数量保持逐年稳定增长、类型不断丰富、市场支撑力和社会影响力日益扩大。

自党的十八大以来，旅游景区发展进入新的阶段，以 5A 为代表的高 A 级旅游景区成为旅游景区行业发展的风向标和晴雨表。本文对 2013—2020 年国家 5A 级旅游景区整体发展进行分析研究。

一、总量变化

从数量变化情况来看，2013—2020 年国家 5A 级旅游景区总量显著增多，8 年间增加了 131 家（详见表 6-1、图 6-1）。整体来看总量平稳增长，但增速放缓，增速呈下降趋势（详见图 6-2）。

表 6-1　2013—2020 年国家 5A 级旅游景区数量变化一览表

年　份	总数（家）	比上一年增长数量（家）	比上一年增长率（%）
2013	171	26	17.93
2014	183	12	7.02
2015	212	29	15.85
2016	227	15	7.08
2017	249	22	9.69
2018	258	9	3.61
2019	280	22	8.53
2020	302	22	7.86

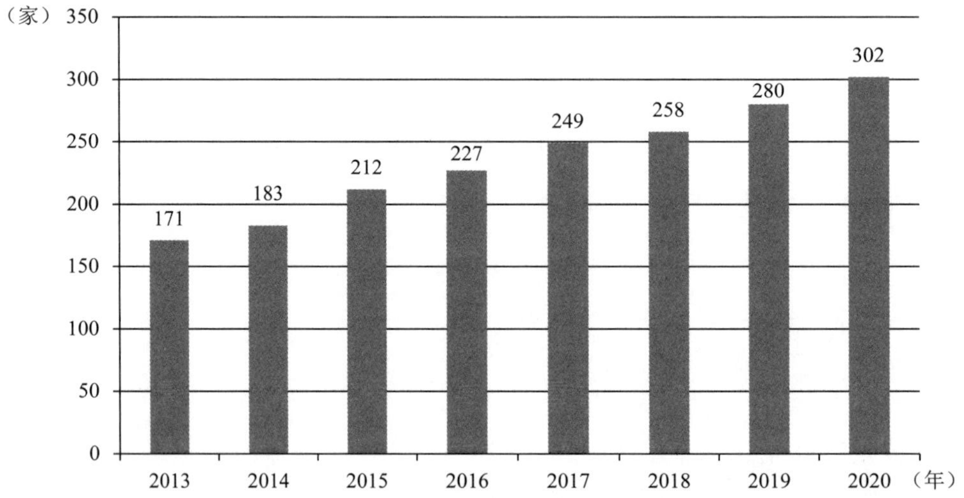

图 6-1　2013—2020 年国家 5A 级旅游景区总量变化

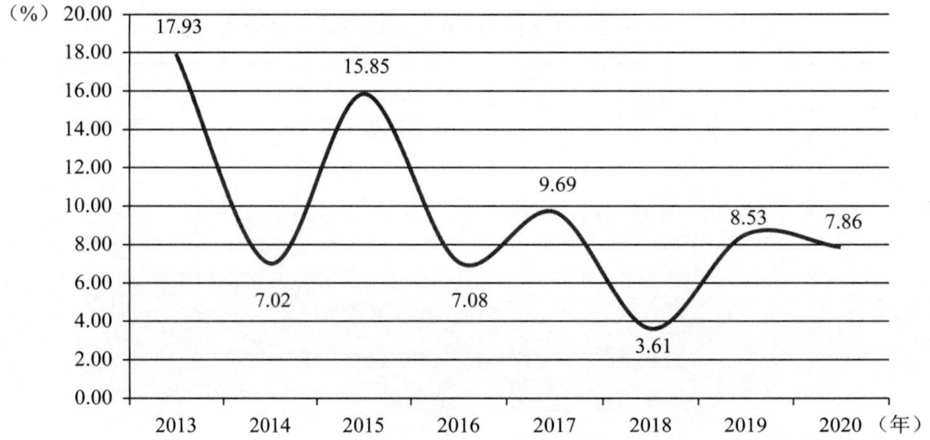

图 6-2　2013—2020 年国家 5A 级旅游景区总量增长趋势

二、空间分布

从数量分布来看，5A 级旅游景区在不同地区分布情况不同，总体呈现“**东多西少、东强西弱**”的分布格局。大部分 5A 级旅游景区集中在东部地区，东部共有 126 家，占全国总数的 41.72%；中部地区 5A 级旅游景区数量为 90 家，占全国总数的 29.80%；西部地区 5A 级旅游景区数量为 86 家，占全国总数的 28.48%（详见表 6-2、图 6-3）。其中，新疆、四川是西部地区中 5A 级旅游景区分布较多的，近年来 5A 级旅游景区数量增长较快。

表 6-2　2013—2020 年国家 5A 级旅游景区区域分布情况一览表

区　域	省市名单	数量（家）	占比（%）
东部地区	北京、天津、河北、辽宁、上海、江苏、浙江、福建、山东、广东、广西、海南	126	41.72
中部地区	山西、内蒙古、吉林、黑龙江、安徽、江西、河南、湖北、湖南	90	29.80
西部地区	重庆、四川、贵州、云南、西藏、陕西、甘肃、青海、宁夏、新疆	86	28.48

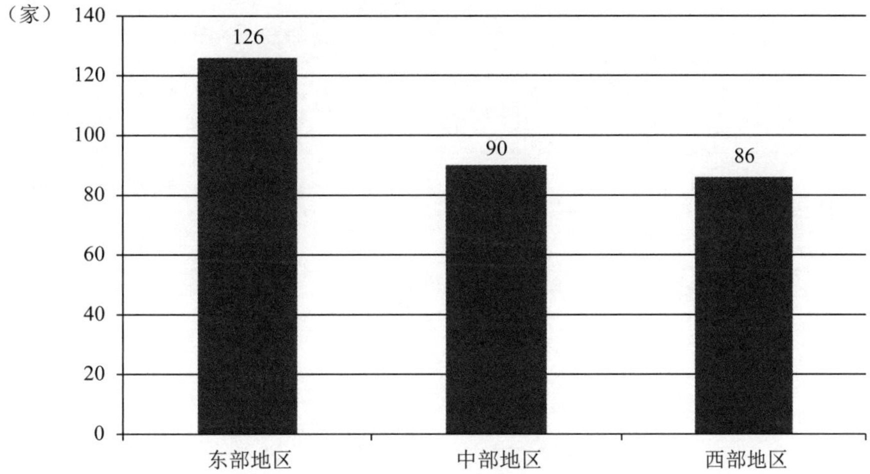

图 6-3　2013—2020 年国家 5A 级旅游景区区域分布分析图

三、各省分布

从 2007 年国家旅游局（现为文化和旅游部）正式开放 5A 景区认证以来，不含除名的国家 5A 级旅游景区，截至 2020 年 12 月 31 日，国家 5A 级旅游景区数量为 302 家（详见表 6-3）。2015 年，全国有 4 家 5A 级景区被摘牌，分别为山海关景区、长沙橘子洲旅游区、重庆神龙峡景区和山西晋中乔家大院。其中，山海关景区、长沙橘子洲旅游区经过整改，已重新进入 5A 景区行列；重庆神龙峡景区和山西晋中乔家大院尚未恢复国家 5A 级景区称号，不纳入本次统计范围。

表 6-3 国家 5A 级旅游景区各省、自治区、直辖市分布情况一览表

省 / 自治区 / 直辖市	数量（家）	占比（%）
江 苏	25	8.28
浙 江	19	6.29
广 东	15	4.97
四 川	15	4.97
河 南	14	4.64
新 疆	14	4.64
山 东	13	4.30
江 西	13	4.30
湖 北	13	4.30
安 徽	12	3.97
陕 西	11	3.64
河 北	11	3.64
福 建	10	3.31

续表

省/自治区/直辖市	数量（家）	占比（%）
重　庆	10	3.31
湖　南	10	3.31
云　南	9	2.98
山　西	9	2.98
北　京	8	2.65
广　西	8	2.65
贵　州	8	2.65
吉　林	7	2.32
辽　宁	6	1.99
内蒙古	6	1.99
海　南	6	1.99
黑龙江	6	1.99
甘　肃	6	1.99
西藏	5	1.66
宁　夏	4	1.32
青　海	4	1.32
上　海	3	0.99
天　津	2	0.66
总　数	302	100

2013—2020年间，5A景区增量最多的省（区）是江苏、浙江和新疆，8年新增8家5A景区；广东、江西两省8年间新增7家5A景区；四川、陕西、河北三省8年间新增6家5A景区；河南、山东、湖南、湖北、山西、广西、贵州

七省（区）8 年间新增 5 家 5A 景区；安徽、重庆、吉林、内蒙古三省（区）8 年间新增 4 家 5A 景区；福建、云南、辽宁、甘肃、西藏五省（区）8 年间新增 3 家 5A 景区；海南、黑龙江、青海三省 8 年间新增 2 家 5A 景区；北京、宁夏两地 8 年间新增 1 家 5A 景区；上海、天津 5A 景区数量没有变化。详见表 6-4。

表 6-4　2013—2020 年 31 个省、自治区、直辖市国家 5A 级旅游景区数量变化一览表

省 / 自治区 / 直辖市	2013 年	2014 年	2015 年	2016 年	2017 年	2018 年	2019 年	2020 年
江　苏	17	18	20	22	23	23	24	25
浙　江	11	11	14	14	16	17	18	19
广　东	8	10	11	12	12	13	14	15
四　川	9	9	10	11	12	12	13	15
河　南	9	10	11	12	13	13	14	14
新　疆	6	8	9	11	12	12	13	14
山　东	8	9	9	9	11	11	12	13
江　西	6	6	8	8	10	11	12	13
湖　北	8	9	10	10	10	11	12	13
安　徽	7	8	9	11	11	11	11	12
陕　西	5	6	7	8	8	9	10	11
河　北	5	5	7	7	9	9	10	11
福　建	7	7	9	9	9	9	9	10
重　庆	6	6	7	7	8	8	9	10
湖　南	5	6	7	8	8	8	9	10
云　南	6	6	6	8	8	8	8	9
山　西	4	4	5	5	6	7	8	9
北　京	7	7	7	7	7	7	8	8

续表

省 / 自治区 / 直辖市	2013 年	2014 年	2015 年	2016 年	2017 年	2018 年	2019 年	2020 年
广　西	3	4	4	4	5	6	7	8
贵　州	3	3	4	4	5	6	7	8
吉　林	3	3	5	5	6	6	7	7
辽　宁	3	3	4	4	5	5	6	6
内蒙古	2	2	2	3	4	5	6	6
海　南	4	4	5	6	6	6	6	6
黑龙江	4	4	5	5	5	5	6	6
甘　肃	3	3	4	4	4	4	5	6
西　藏	2	2	2	2	4	4	4	5
宁　夏	3	3	4	4	4	4	4	4
青　海	2	2	2	2	3	3	3	4
上　海	3	3	3	3	3	3	3	3
天　津	2	2	2	2	2	2	2	2

纵观 31 个省、自治区、直辖市 2013 到 2020 年 5A 景区的数量变化，可以看出，江苏、浙江作为传统旅游强省，先天资源条件优越、消费市场规模庞大、区位交通得天独厚，5A 景区增量也最多；内蒙古、西藏、广西、贵州、吉林、新疆、山西、江西、青海、甘肃、辽宁等中西部地区，2013 到 2020 年 5A 景区数量平均增速均超过 10%，这些地方或幅员辽阔，或资源密集，或文化独特，随着文旅行业的进一步发展，资源潜力进一步得到开发，未来 5A 景区会持续增长，将构成未来优质旅游景区发展的主要增量。北京、上海、天津三个直辖市，受地域范围相对狭窄、资源储量有限等因素制约，2013 年到 2020 年之间 5A 景区数量仅北京新增 1 家，但另一方面，这三个直辖市在新兴的主题公园、城市

街区等新业态方面却走在全国的前列，城市引流能力巨大。详见表 6-5、图 6-4 与图 6-5。

表 6-5　2013—2020 年间 31 个省（自治区、直辖市）5A 级旅游景区数量变化

省 / 自治区 / 直辖市	5A 级旅游景区增量（家）	平均增速（%）
江　苏	8	5.72
浙　江	8	8.46
新　疆	8	13.31
广　东	7	9.61
四　川	6	7.70
河　南	5	6.60
山　东	5	7.45
江　西	7	12.25
湖　北	5	7.29
山　西	5	12.64
安　徽	4	7.00
陕　西	6	12.08
河　北	6	12.81
福　建	3	5.67
重　庆	4	7.79
湖　南	5	10.65
云　南	3	6.55
北　京	1	2.04
广　西	5	15.61
贵　州	5	15.61

续表

省 / 自治区 / 直辖市	5A 级旅游景区增量（家）	平均增速（%）
吉　林	4	14.76
辽　宁	3	11.19
内蒙古	4	18.33
海　南	2	6.43
黑龙江	2	6.43
甘　肃	3	11.19
西　藏	3	17.86
宁　夏	1	4.76
青　海	2	11.90
上　海	0	0.00
天　津	0	0.00

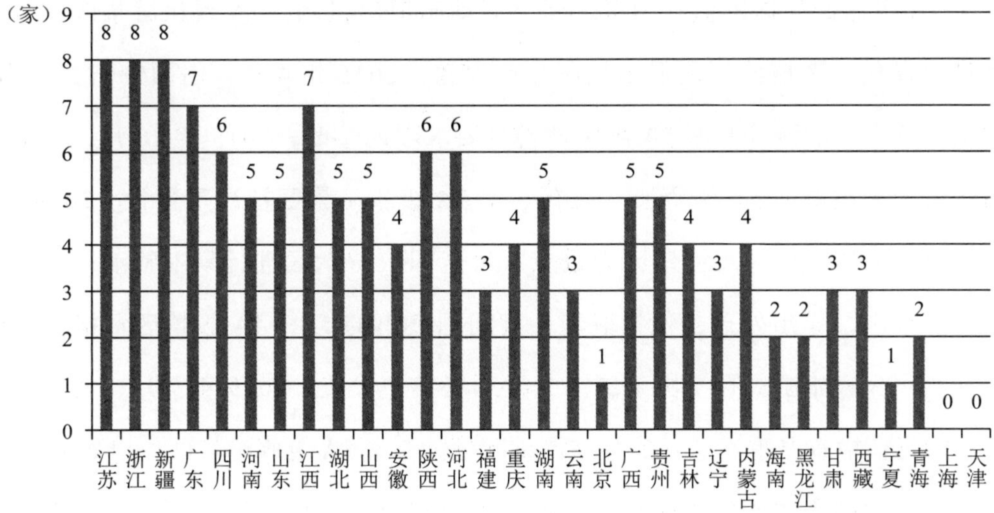

图 6-4　2013—2020 年间 31 个省（自治区、直辖市）5A 级旅游景区数量变化

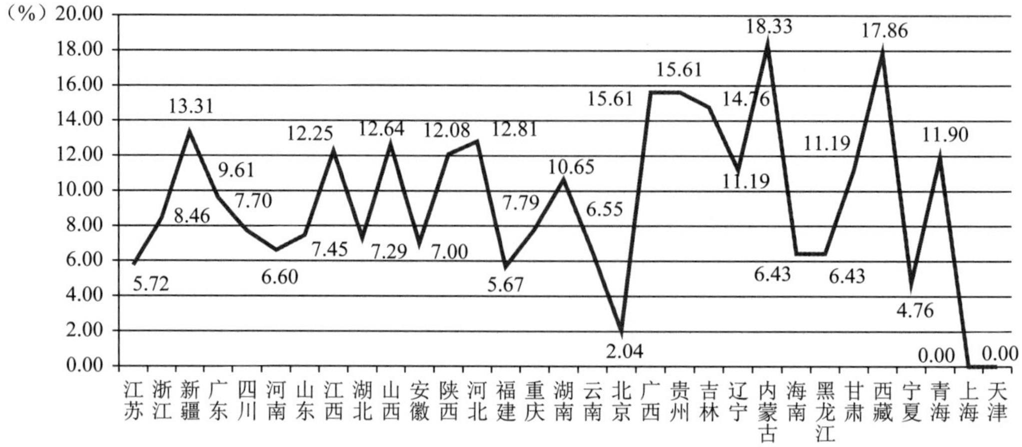

图 6-5　2013—2020 年间 31 个省（自治区、直辖市）5A 级旅游景区增长率

四、发展新局面

5A 景区监督机制日益强化，有进有退常态化。2015 年以来，国家旅游局加大对 5A 级旅游景区的监管力度，建立了动态退出机制，5A 级旅游景区监督机制日益强化，考核监管及退出机制日臻完善。2015 年 4 月，山西忻州五台山、南京夫子庙秦淮河等 9 家 5A 景区被警告要求限期整改；2015 年 10 月，秦皇岛山海关景区被取消 5A 级资质，另有 6 家 5A 级旅游景区被严重警告。2016 年，国家旅游局以 5A、4A 级景区为重点，对全国旅游景区进行集中整治；对存在问题的景区，作出处理，包括取消一批问题突出的 5A、4A 级景区资格。2017 年开始，国家旅游局在全国范围内分批开展集中检查。2019 年 7 月，文化和旅游部对复核检查严重不达标或存在严重问题的 7 家 5A 级旅游景区作出如下处理：对辽宁省沈阳市沈阳植物园景区、浙江省温州市雁荡山景区、河南省焦作市云台山景区、广东省梅州市雁南飞茶田景区、四川省乐山市峨眉山景区、云南省昆明市石林景区 6 家 5A 级旅游景区予以“通报批评责令整改”处理，限期 3 个月；给予山西省晋中市乔家大院景区取消旅游景区质量等级处理，即“摘牌”。

门票价格逐渐规范化，“去门票化”开启5A景区旅游新局面。从《旅游法》到国家发改委和旅游主管部门出台的系列法律政策文件等都对景区门票有明确的规定。在国家发改委的主导下，以5A景区为重点，通过开展定价成本监审或成本调查，门票价格逐步走向规范。自2018年政府工作报告提出“降低重点国有景区门票价格”以来，发改委就国有景区门票价格四年连发四文——从《关于完善国有景区门票价格形成机制降低重点国有景区门票价格的指导意见》（发改价格〔2018〕951号）、《关于持续深入推进降低重点国有景区门票价格工作的通知》（发改办价格〔2019〕333号）、《关于持续推进完善国有景区门票价格形成机制的通知》（发改办价格〔2020〕568号），到今年发布的《国家发展改革委办公厅关于开展降低重点国有景区门票价格“回头看”工作的通知》（发改办价格〔2021〕701号），推动持续完善国有景区门票价格形成机制，推动降低重点国有景区门票价格，同步规范配套服务价格行为，取得了积极明显的成效。受2020年以来新冠疫情的深刻影响，“门票减免”趋势给文旅行业带来深刻变革，从运营向综合性服务转型，创造收入的多元化和服务体验创造收入增长点。以5A旅游景区为代表的重点国有景区门票价格不断降低，正逐步回归合理区间。

预约制度逐渐常态化，5A景区智慧建设更上层楼。2019年出台的《关于进一步激发文化和旅游消费潜力的意见》提出，到2022年5A级国有旅游景区全面实行门票预约制度。管理部门要求旅游景区完善预约制度，通过即时通信工具、手机客户端、景区官网、电话预约等多种渠道推行分时段游览预约，引导游客错峰旅游。新冠肺炎疫情加速了预约制度的落地，疫情防控常态化以来，出游前先预约景区门票成为人们逐渐接受的新习惯。门票预约制度已经成为5A级旅游景区提供优质服务和提升体验感的必备内容。

5A 景区发展越来越精致化、品质化、多元化。越来越多的 5A 景区除了硬件设施设备的完善投入外，更加突出以游客为中心，提升景区软件服务；注重人性化和细节化服务的雕琢，以更高的标准提升景区管理和服务，包括景区卫生、设施设备维护、公共空间整治、旅游秩序管理、景区风貌统一、服务态度礼仪、文明旅游等方面，在景区特色吸引、人性化服务和产品设施更新上持续创新，并通过文化引领，走提升景区内涵之路。

5A 景区的 IP 建设与互联网营销不断强化。传统旅游景区吸引游客，一般通过旅行社、电视广告与口碑引流。随着互联网的广泛发展，信息传播途径越来越多元，景区可以依赖的渠道、平台也越来越丰富。越来越多的 5A 景区关注线上市场的投入和优化，加大对景区的线上宣传力度，增加线上售票渠道，加快景区硬件、软件配套设施的技术升级，完成智慧景区的升级，为游客提供更便捷的服务。另外，许多 5A 景区重视 IP 品牌体系建设，通过打造优秀的景区 IP，丰富景区内涵，延伸景区产业链，充分发挥自身高品质资源特色，打造网红产品，给游客独一无二的游玩体验，吸引游客、扩大消费、抢占市场。